Andreas Hock

Die Big-Bang-Universität

Andreas Hock

Die BiG BANG Universität

Der ultralustige, hyperintelligente und inoffizielle Aufnahmetest für die nerdigste WG aller Zeiten

riva

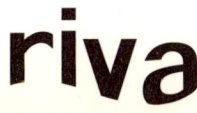

Bibliografische Information der Deutschen Nationalbibliothek:
Die Deutsche Nationalbibliothek verzeichnet diese Publikation in der Deutschen Nationalbiblio-
grafie. Detaillierte bibliografische Daten sind im Internet über http://dnb.d-nb.de abrufbar.

Für Fragen und Anregungen:
Hock@rivaverlag.de

1. Auflage 2014

© 2014 by riva Verlag, ein Imprint der Münchner Verlagsgruppe GmbH
Nymphenburger Straße 86
D-80636 München
Tel.: 089 651285-0
Fax: 089 652096

Alle Rechte, insbesondere das Recht der Vervielfältigung und Verbreitung sowie der Über-
setzung, vorbehalten. Kein Teil des Werkes darf in irgendeiner Form (durch Fotokopie,
Mikrofilm oder ein anderes Verfahren) ohne schriftliche Genehmigung des Verlages repro-
duziert oder unter Verwendung elektronischer Systeme gespeichert, verarbeitet, vervielfältigt
oder verbreitet werden.

Umschlaggestaltung: Maria Wittek, München
Umschlagabbildung: © CBS
Satz: Grafikstudio Foerster, Belgern
Druck: CPI – Ebner & Spiegel, Ulm
Printed in Germany

ISBN Print: 978-3-86883-303-4
ISBN E-Book (PDF): 978-3-86413-337-4
ISBN E-Book (EPUB, Mobi) 978-3-86413-338-1

Weitere Informationen zum Verlag finden Sie unter
www.riva-verlag.de
Beachten Sie auch unsere weiteren Verlage unter
www.muenchner-verlagsgruppe.de

Inhalt

Einführung

Hallo!

Ich kann dich nur mit vollster Überzeugung beglückwünschen – und zwar für deine beachtliche Weitsicht, dieses bemerkenswerte Buch zu erwerben! Auch wenn ich vermute, dass du mir im Verlauf unserer Zusammenarbeit noch einigen Kummer bereiten wirst: Ich verspreche dir, mein Bestes zu geben, damit wir am Ende zusammen wenigstens halbwegs auf einer Wellenlänge liegen und deinen (physikalischen) Horizont zumindest einen Millimeter erweitern konnten. Du kannst unbesorgt sein: Mehr als das erwarte ich nicht – denn mehr als das wäre auch gar nicht machbar. Es sei denn, du wärst Stephen Hawking und jemand hätte die folgenden Seiten in deinen DECTALK DTC 01 eingegeben. Nachdem dies allerdings unmöglich ist, weil Professor Hawking das Buch natürlich längst von mir persönlich überreicht bekommen hat, erkenne ich zumindest an, dass allein der Kauf meiner so akribischen wie lehrreichen Aufzeichnungen von einem gewissen Grundinteresse an meiner Person und somit an meiner wissenschaftlichen Arbeit zeugt. Und das ist fraglos zumindest ein Anfang.

Solltest du dich allerdings nur deshalb für die vorliegende *Big Bang Universität* entschieden haben, weil dir womöglich gerade langweilig war, du den Einband für originell erachtet hast oder du lediglich nicht wusstest, was du sonst mit deinem Bücher-Gutschein hättest anfangen sollen, den du – ineffizient, wie du in diesem Falle offenbar bist – noch vom letzten Weihnachtsfest übrig hattest, dann dürften wir es durchaus schwer miteinander haben. Dann wäre es wahrscheinlich sogar am besten, wenn du gar nicht erst weiterläsest, sondern deine wertlose Zeit mit Belanglosigkeiten verbrächtest, die gewöhnlichen Leuten sicherlich mehr behagen: Du könntest dir etwa alle Folgen von *Babylon 5* am Stück ansehen, in ein Karaoke-Lokal gehen oder Alkohol in ungesunden Mengen konsumieren – also all das machen, was man eben so tut, wenn man sich nicht gerade intellektuell verausgaben möchte.

Ach, was soll's! Auch du darfst dabei bleiben, denn ich liebe einfach die Herausforderung.

Nun, auf den folgenden Seiten möchte ich dir einen kleinen Einblick in meine faszinierende Welt geben. Ich kann dir versichern: Die Welt von Sheldon Lee Cooper ist eine Welt voller geistiger Anreize, interessanter Faszinosa und gelöster Rätsel. Fürchte dich nicht vor ihr, du schüchterner BOLIANER, denn ich stehe die gesamte Zeit an deiner Seite. Dank meines EIDETISCHEN GEDÄCHTNISSES, meines Intelligenzquotienten von 187 und meines messerscharfen Verstandes werden wir das Kind schon gemeinsam schaukeln, um mich ausnahmsweise der dir wohl eher geläufigen, schlichten Umgangssprache zu bedienen.

Wie auch immer: Am Ende unserer gemeinsamen Reise wirst du verstehen, weshalb es sich dringlichst lohnt, mir in jeder Hinsicht nachzueifern. Eine Prüfung wird zeigen, ob es dir gelungen ist. Bis dahin werde mich bemühen, mich so einfach wie möglich zu fassen, damit du mir auf unserem beschwerlichen Pfad der Gelehrtheit folgen kannst, ohne den ohnehin beachtlichen intellektuellen Abstand zwischen uns noch größer werden zu lassen. Ein spezielles Glossar, in welchem ich die für dich möglicherweise unbekannten oder komplizierten Begrifflichkeiten (sie stehen jeweils in Kapitälchen!) erkläre und das ich äußerst treffend »Coopedia« genannt habe, dürfte die meisten deiner zu erwartenden Nachfragen klären. Also sei beruhigt.

Wenn du dir wirklich Mühe gibst und sich Fortschritte im Bereich deiner mentalen Potenz ermessen lassen, könnte ich mich unter Umständen sogar zu einer Aufnahme deiner Person in unsere kleine Wohngemeinschaft bewegen lassen. Natürlich wirst du vorerst kein vollwertiges Mitglied unserer sozialen Gruppe sein, wir wollen es ja nicht gleich übertreiben. Aber fürs Erste dürftest du zumindest niedere Aufgaben wie den Abwasch unseres Geschirrs, die Entsorgung unserer Abfälle oder das Aufladen unserer Tablets sowie der mobilen Spielekonsolen übernehmen. Das spart mir schon eine Menge kostbarer Zeit und ist doch für jemanden wie dich deutlich besser als nichts, finde ich.

Um dich auf dieses besondere Examen der Brüderlichkeit vorzubereiten, lass mich dir gleich zu Beginn den vielleicht wichtigsten Punkt all meiner Lektionen mit auf den Weg geben: Versuche, dein gesamtes Tun und Handeln ab jetzt möglichst strukturiert zu gestalten und so viele Regeln wie nur möglich aufzustellen!

Ansonsten wird meine gesamte Fürsorge für unser gemeinsames Projekt ins Leere laufen. Mir sind nämlich alle Lebewesen höchst suspekt, die ihre klägliche Existenz ohne Normen verbringen – das gilt auch für dich!

Nehmen wir uns zur Veranschaulichung meiner Abneigung an dieser Stelle doch gleich mal eines Beispiels an und betrachten das *Gallus domesticus*, also das (wie du es wahrscheinlich nennst) gemeine Haushuhn. Diese bemitleidenswerten Tiere besitzen zwar eine ganze Menge grässlicher Parasiten, dafür aber keinerlei Systematik in ihrem Sozialverhalten. Dem Huhn an sich geht es vorwiegend darum, genug Futter vom Boden aufzupicken und einen ausreichend großen Schlafplatz zu ergattern. Um dieses erschütternd lapidare Lebensziel tagtäglich aufs Neue zu erreichen, kämpfen die Viecher untereinander, als ob es kein Morgen gäbe. Im schlimmsten Fall fressen sie sich sogar gegenseitig auf.

Umso wichtiger ist es, dass wenigstens wir vom Stamme des *Homo sapiens* uns einer festen Ordnung unterwerfen, damit wir uns eben nicht kannibalisieren und irgendwann genauso enden wie das dumme Huhn. Wie ich bereits angedeutet habe, ist es daher in meinen Augen unabdingbar, unseren Alltag in gewisse Regelmäßigkeiten zu unterteilen, um der Gefahr des totalen gesellschaftlichen Zusammenbruchs sowie einer völligen Verwahrlosung der einzelnen Individuen zu entgehen. Zwar behaupten einige ignorante wie inkompetente Zeitgenossen, meine unmissverständliche Vorliebe für klare Regeln hätte ihre Ursache im ASPERGER-SYNDROM, aber diese Annahme entbehrt selbstverständlich jeglicher Grundlage. Ich bin alles andere als krank, sondern einfach kein Freund von unliebsamen Überraschungen: Veränderungen bringen nur Unruhe ins Leben und lenken von den wesentlichen Aufgaben der Wissenschaft ab!

Die aber türmen sich hoch wie das Karakorum-Gebirge vor uns auf: Auf unserer von Unkenntnis und Bildungsarmut gepeinigten Mutter Erde leben inzwischen nach offiziellen Angaben rund 7,2 Milliarden Menschen, und die Vereinten Nationen gehen sogar davon aus, dass diese enorme Anzahl in den kommenden Jahren nochmals um rund 78 Millionen jährlich anwachsen wird. Dennoch dürfte es meinen persönlichen Berechnungen zufolge auch weiterhin gerade einmal zwei einsame Exemplare pro Generation geben, welche mit einem ähnlich hohen geistigen Leistungsvermögen gesegnet sind wie ich.

Da nun aber in unserem gegenwärtigen Zeitabschnitt logischerweise ich eine dieser beiden Personen bin und Professor Hawking trotz seines Geburtsjahrgangs von 1942 gemäß des heute noch gültigen mittleren Generationenabstands nach Rümelin genealogisch gesehen noch zur selben Altersklasse zählt wie ich, sieht es für den Rest der Menschheit diesbezüglich momentan ziemlich düster aus. Erst wenn ich vollends ergraut bin, dürfte der nächste Vertreter mit vergleichbaren Fähigkeiten das Licht der Welt erblicken. Bis dieser dann aber ein Wissensniveau erreicht, mit welchem man zumindest die BOLTZMANN-KONSTANTE nachhaltig weiterentwickeln kann, vergehen – wenn ich von meiner Vita ausgehe – noch weitere neun wertvolle Jahre! Eigentlich müsstet ihr mich und Professor Hawking in einen mannshohen Wattekokon wickeln und in einer keimfreien Kapsel einschließen, um zu verhindern, dass uns auch nur das Geringste zustößt. Zumindest, bis die Reproduktionsmedizin so weit fortgeschritten ist, dass man unseren Geist und damit unser physikalisches Know-how von unschätzbarem Wert für die kommenden Generationen erhalten kann.

Weil ich aber angesichts der beschämenden Lethargie meiner Kollegen aus diesem Fachbereich befürchte, auf meine Schutzkapsel oder meinen Klon wohl noch etwas länger warten zu müssen, ist es mir umso wichtiger, all die Kenntnisse, die ich im Laufe der vergangenen 30 Jahre Stück für Stück zu einem kostbaren Gesamtkonstrukt aufgebaut habe, an dich und alle anderen Interessierten weiterzugeben, denen nicht dasselbe Glück beschieden war wie mir. Ich hoffe, du hast schon jetzt bemerkt, wie wichtig mir dieses hehre Anliegen ist. Umso erfreuter war ich denn auch, als mir angeboten wurde, das vorliegende Büchlein zu verfassen – nicht zuletzt stehe ich dadurch in der Tradition großer Gelehrter wie Leonardo da Vinci, Nikolaus Kopernicus oder HENRI BECQUEREL, die ihre Erkenntnisse allesamt sorgfältig dokumentierten, um zu verhindern, dass dieses kostbare Saatgut im nährstoffarmen Boden des Zeitgeistes verdorrt.

Jedenfalls möchte ich dir auf den folgenden Seiten mittels kleiner, fundierter Lektionen beibringen, worauf du für ein Leben im Dienste der Intellektualität und der Wissenschaft, das du natürlich unbedingt anstreben solltest, dringend achten musst. Des Weiteren werde ich dir zeigen, warum die Welt insgesamt ohne Physik nicht funktioniert – und warum die Physik wiederum ohne mich nicht auskommt. Welch faszinierende INTERDEPENDENZ das doch ist! Sei nun frohgemut, mein bildungswilliger Lemming, und habe viel Spaß auf meiner *Big Bang Universität*! Als Zugehöriger zum exklusiven Kreis meiner wissbegierigen Anhänger darfst du dich nach der bestandenen Abschlussprüfung fühlen wie ein Doppelpunkt-Groß D, um die dir sicher vertraute Ausdrucksweise durch diese kleinen, drolligen Emoticons zu verwenden.

Also: Pass auf den nächsten Seiten immer gut auf und bleib schön :D

Dein

Dr. Dr. Sheldon Lee Cooper

LEKTION 1:

Lass dich niemals beirren

Es liegt leider in der Natur der Sache, sprich: der Ignoranz der Minderbegabten, dass es Ausnahmeerscheinungen wie mir bei dem Unterfangen, die Welt sinnvoll zu analysieren und zu systematisieren, von Beginn an nicht besonders leicht gemacht wird. Viele Menschen wissen einfach nicht, wie sie mit diesem zweifellos beeindruckenden Grad an geistiger Überlegenheit umgehen sollen.

Schon im Kindergarten zwangen mich die irrlichternden Erzieherinnen deshalb in eine geradezu anarchische Unordnung, obwohl ich schon beim Eignungstest die Kreiszahl Pi bis auf die tausendste Stelle nach dem Komma fehlerfrei berechnen konnte, obgleich dies gar nicht von mir verlangt wurde. Ich weiß, was du mir nun sagen willst: Natürlich ist das keine große Kunst, weil das Levi Smith und John Wrench schließlich schon im Jahr 1949 geschafft hatten. Trotzdem konnten die Kindergärtnerinnen mit meinen infantilen Näherungsrechnungen rein gar nichts anfangen.

Anstatt mich in Ruhe meine fehlerhafte Langzahlarithmetik verfeinern zu lassen, musste ich mich zum Beispiel an Bauklötzchen in vollkommen unterschiedlichen Farben bedienen, um damit geradezu groteske Gebilde zu fertigen, die mit einem maßstabsgetreuen Wolkenkratzermodell, einer Doppelhelix oder wenigstens einem PLATONISCHEN KÖRPER absolut nichts gemein hatten – und für die wir zu allem Überfluss auch noch überschwänglich gelobt wurden. Die weitere Freizeitgestaltung in dieser Einrichtung spielte sich vorwiegend auf einer Hüpfburg oder in einem Kaufmannsladen ab.

Entsetzlich!

Auch später in der Grundschule wurde sehr wenig Wert darauf gelegt, meinem Gehirn mehr abzuverlangen, als triviale Additions- und Subtraktionsaufgaben zu lösen. In linguistischer Hinsicht ließ sich die Sache nicht minder trostlos an: Ich habe bis heute nicht begriffen, inwiefern das bloße Erlernen einfacher Texte wie etwa des STAR-SPANGLED BANNER ein ernst gemeintes Lernziel für einen Achtjährigen sein soll. Wenn ich gegen diese in meinen Augen unverantwortliche Unterforderung aufbegehrte und zum Beispiel die Aufnahme wenigstens der ZEITDILATATION in den Unterrichtsplan der zweiten Klasse verlangte, wurde mir von den Lehrkräften lapidar beschieden, offenbar anders zu sein als die anderen. Das war ich natürlich auch – jedoch war es nachweislich nicht ich, der sich auf dem sprichwörtlichen Holzweg befand, sondern ebendiese anderen.

Während die meisten Lehrer also vor meiner mentalen Prävalenz mehr und mehr kapitulierten, bemächtigten sich meine Mitschüler dagegen in ihrer bedauernswerten Hilflosigkeit meistens schlicht meiner Hose. Ein seltsames und völlig irrationales Verhalten, das ich im Laufe der nächsten Jahre kurioserweise immer wieder erfahren sollte. Auch die Tatsache, dass mein Kopf immer und immer wieder in die Toilette gesteckt wurde und nicht zuletzt, dass ich im Sportunterricht immer als Letzter ausgewählt wurde, konnte ich nicht verstehen. Der Junge im Rollstuhl vermochte doch noch viel weniger zum Erfolg im Basketballspiel beizutragen.

Entgegen der landläufigen Meinung war ich natürlich alles andere als verrückt – meine Mutter hat mich deshalb überflüssigerweise sogar einmal testen lassen. Mein Gehirn war einfach um Lichtjahre besser ausgebildet als das der anderen Kinder. Während die gewöhnlichen Jungen und Mädchen sich also mühten, 10 plus 5 zusammenzuzählen, widmete ich mich schon damals lieber der Physik und schrieb die leichtesten aller Kernsätze aus eigener Initiative heraus in mein Schulheft. Einer der ersten, mit denen ich mich befasste, lautete:

$$V = \frac{s}{t}$$

Wahrscheinlich bist du jetzt erleichtert, weil du dasselbe ebenfalls gemacht hast. Ich meine, die Geschwindigkeit mittels einer der primitivsten aller physikalischen Gleichungen, nämlich »Strecke geteilt durch Zeit«, zu berechnen, hatte für mich nicht nur einen veritablen praktischen Nutzen – so wusste ich stets, wie schnell ich den Nachbarskindern davongelaufen war, als diese mich wieder um den Block jagten. Sie führte mich auch umgehend zu den weitaus spannenderen Aspekten dieser Wissenschaft, den Vektoren etwa, den Kräften und somit auch zu Newton, dessen Lehren und Gesetze ich in meiner unterrichtsfreien Zeit zu studieren begann.

Gottlob war es mir rasch vergönnt, einige Klassen zu überspringen, um aus diesem Wanderzirkus für Begriffsstutzige auszubrechen und im Alter von elf Jahren endlich auf das College zu wechseln. Um hier keine Missverständnisse aufkommen zu lassen, weil ihr auf eurer Seite des Atlantischen Ozeans diese tertiäre amerikanische Bildungseinrichtung unter Umständen nur aus geistlosen Teenager-Komödien kennt und mit so etwas Weltfremdem wie fröhlichen Trinkspielen oder ausgelassenen Poolpartys verbindet (»ausgelassen« ist in diesem Zusammenhang allerdings ein lustiges Wortspiel, nicht wahr?): In meinem Fall handelte es sich bei dem College um die angesehene UNIVERSITY OF TEXAS, wo ich mich endlich ersten ernsthaften Forschungen widmen konnte. Natürlich musste ich dabei auch einzelne Rückschläge verkraften – so wurde ich einmal mit dem Hubschrauber ins Krankenhaus geflogen, weil ich mir bei einem häuslichen Experiment leichte Strahlenschäden bei der Trennung PRIMORDIALER NUKLIDE zugezogen hatte. Hätten mir meine Eltern wie von mir ursprünglich gewünscht eine Titanzentrifuge anstatt eines Mountainbikes zu meinem zwölften Geburtstag geschenkt, wäre das nicht passiert!

Doch ich versuchte, meinen eingeschlagenen Weg weiterhin tüchtig und vor allem zielstrebig voranzuschreiten: Als ich 13 war, bemühte ich mich, meiner Heimatgemeinde GALVESTON, Texas, einem leider äußerst rückständigen Kaff rund 80 Kilometer südöstlich der nicht minder rückständigen Großstadt Houston gelegen, eine kostenlose Energieversorgung angedeihen zu lassen, um so der Allgemeinheit einen guten Dienst zu erweisen. Leider haben sich meine schon weit fortgeschrittenen Pläne hierfür kurz vor der Verwirklichung zerschlagen, weil ein kleingeistiger Bundesagent meine Mutter darauf hinwies, dass es nicht erlaubt sei, Uranoxid in einem Geräteschuppen zu lagern. Natürlich war ich mir dessen vollkommen bewusst – und auch, dass sämtliche Isotope dieses Metalls hoch radioaktiv sind. Aber wo zum Teufel hätte ich das Zeug denn sonst verstauen sollen? Im Kühlschrank etwa? Sollen sie doch bankrottgehen an ihren Stromrechnungen!

Mit 15, nachdem ich ebenfalls im Kinderzimmer mein erstes funktionsfähiges Röntgengerät konstruiert und damit die Knochendichte meiner beiden Geschwister vermessen hatte, verbrachte ich ein sehr aufschlussreiches Semester als Gastprofessor an der Universität Heidelberg. Dort stellte ich zu meinem Bedauern fest, dass die deutschen Studenten ihre Prioritäten offenbar noch weitaus stärker abseits des Lehrbetriebs ansiedelten, als das schon zu Hause in Texas der Fall gewesen war. Die meisten meiner Hörer waren nahezu doppelt so alt wie ich, was mich zunächst erstaunte, dann aber doch nicht weiter verwunderte, als ich bemerkte, dass sie sich jeden Abend dem reichhaltigen Genuss des typisch einheimischen Bieres in einer der zahlreichen örtlichen Gastwirtschaften hingaben.

Diese trostlose Art der Freizeitgestaltung war mir damals schon vollkommen fremd. Schließlich vermag ein einziger Rausch bis zu 30 000 Gehirnzellen unwiederbringlich zu vernichten, wohingegen ich für meine künftigen Forschungen fraglos jede Einzelne meiner 100 Milliarden Exemplare benötige. Nicht nur deshalb ist mir die Zeit in Deutschland ehrlich gesagt in keiner besonders angenehmen Erinnerung geblieben: Weil ich die einseitige und vorwiegend auf Würstchen mit Sauerkraut basierende Ernährung nicht vertrug, musste ich mich notgedrungen einer Darmspülung unterziehen, deren Details ich dir an dieser Stelle lieber erspare. Schließlich ist es nicht mein Bestreben, deine proktologischen Kenntnisse zu vertiefen, sondern deinen Intellekt zu schulen.

Wenigstens konnte ich in Heidelberg meine Studien über PERTURBATIVE AMPLITUDEN intensivieren, was einige Zeit später zu einer erneuten Prüfung der UV-Eigenschaften der Mehrschleifen-Superschwerkraft anhand der moderneren TWISTOR-THEORIE führte. Das stellte ganz unbescheiden eine wirklich bahnbrechende Entdeckung dar und brachte mir kurz darauf einen der ersten meiner zahlreichen Preise ein: den CALTECH KANZLERS AWARD!

Das California Institute of Technology, eine vom Ruf her gar nicht so üble Einrichtung in Pasadena, war nach meinem Abschluss, den ich selbstredend mit SUMMA CUM LAUDE absolvierte, und meinen beiden Doktortiteln, auch so vorausblickend, mir einen Forschungsauftrag für theoretische Teilchenphysik anzubieten, den ich seither ausübe. Mir ist natürlich klar, dass auch die Zeit am CALTECH nur eine Durchgangsstation auf meinem weiteren Weg zum Nobelpreis darstellen kann, aber ich habe inzwischen durchaus gelernt, bei manch unbefriedigender Entwicklung oder vorübergehender Stagnation auch die positiven Aspekte anzuerkennen. So habe ich hier einige Freunde gefunden, die – wenn sie auch nicht an mein geistiges Leistungsvermögen heranreichen – mir immerhin bereitwillig folgen und bereit sind, die eine oder andere Herausforderung unter meiner Anleitung zu meistern. Und in diesem Fall helfe ich wirklich gerne, selbst wenn es mich einige Jahre auf dem Weg in den Olymp der Quantenmechanik kostet.

Du siehst also, dass ich mich trotz der Beschwernisse, welche ich schon früh auf mich nehmen musste, niemals von meinem Weg habe abbringen lassen. Eine wichtige Lektion für diejenigen unter euch, die ebenfalls aufgrund ihrer beispiellosen Begabung zu Sonderlingen abgestempelt werden, obwohl sie nur versuchen, sich nicht in den Strudel der Stumpfsinnigkeit hineinziehen zu lassen! Behaltet das Ziel, das ihr erreichen wollt, im Auge – so wie ich das KONZERTHAUS IN STOCKHOLM schon seit meinem neunten Geburtstag von innen sehen möchte.

LEKTION 2:

Suche dir deine Freunde gut aus

Wie vorhin schon erwähnt, verfüge ich über einige ganz besondere Fähigkeiten, deren Herkunft sich nicht einwandfrei genetisch herleiten lässt. So bin ich nachweislich weit und breit der einzige Akademiker in meiner Familie, was mich immer wieder betrübt: Schließlich hätte ich mich mit meinen Eltern gerne wie andere Menschen beim Abendbrot über die Objekteigenschaften von PSEUDOSKALAREN unterhalten, anstatt meinem Vater zu diesem überaus komischen Sport namens Football begleiten zu müssen.

Auf der anderen Seite stimmt mich meine exponierte Stellung innerhalb meines Familienverbundes aber durchaus frohgemut. Schließlich hätte ich nun wirklich keine gesteigerte Lust, mein Tagwerk in einem billigen Fast-Food-Restaurant zu verrichten, wie meine Zwillingsschwester Melissa. Tja, das hast du nun davon, Missy, dass du mir als Kind immer zwischen die Beine getreten hast!

Ein Jammer, dass die mexikanischen Drogendealer einen Rückzieher machten, als ich sie damals gegen das Plutonium eintauschen wollte, das ich als letzte Komponente für meinen kurz vor der Fertigstellung befindlichen Todesstrahl unbedingt gebraucht hätte! Wer konnte auch ahnen, dass ausgerechnet solch abgebrühte Ganoven keine Geschäfte mit einem Neunjährigen eingehen wollten.

Meine einzige Hoffnung besteht nun noch darin, dass sich Missy wenigstens irgendwann ihrer Verantwortung in Bezug auf das hohe Potenzial ihrer DNA bewusst wird. Weil ich nämlich eine Art Mutation des zweitklassigen genetischen Materials der Coopers darstelle, habe ich die Hoffnung, dass meine Zwillingsschwester irgendwann einen Sheldon 2.0 hervorbringen könnte – einen Menschen, der genauso klug und bescheiden ist wie ich, der aber keine Sommersprossen hat. Bis es jedoch so weit ist, muss ich noch einiges an Überzeugungsarbeit leisten, fürchte ich. Schade, dass ihre Ichsucht so stark ausgeprägt ist.

Aber, und damit kommen wir zum eigentlichen Thema dieses Abschnitts, die Familie kann man sich leider vorab nicht aussuchen. Schon meine Geburt war von, sagen wir mal, etwas widrigen Umständen begleitet: Meine Mutter Mary brachte mich allen Ernstes in einem Supermarkt im Osten von Texas zur Welt. Dass die Handelskette, zu der die Filiale gehörte, inzwischen Konkurs anmelden musste, kann auch keine späte Genugtuung sein für diese demütigende und vor allem mikrobiologisch gesehen verheerende Art, das Licht der Welt zu erblicken. Aber so ist das nun mal, wenn man eine Mutter hat, die sich einem Glauben verschreiben musste, der eine von einem Pastor begleitete Hausgeburt der Niederkunft in einem ordentlichen Krankenhaus vorzieht – und die unbedingt noch einmal einkaufen gehen wollte, als der Geistliche zu Hause bereits alles für meine Erdenankunft vorbereitete.

Doch selbst dieses Erlebnis brachte Mutter nicht davon ab, ihr Leben weitgehend ihrer Kirche zu widmen. Noch heute versucht sie, uns bei jedem ihrer Besuche in Pasadena dahingehend zu bekehren, was bei meinen leichtgläubigen und beeinflussbaren Freunden leider allzu oft auf fruchtbaren Boden fällt, bei mir aber selbstverständlich erfolglos bleibt. Wann hat man je von einem herausragenden Wissenschaftler gehört, der sich von etwas derart Irrationalem wie Religion hätte blenden lassen? Wäre Charles Darwin ein bibeltreuer Puritaner gewesen, würden wir heute wahrscheinlich immer noch glauben, ein alter Mann mit weißem Bart habe uns am sechsten Tag aus einem Stückchen Lehm geformt. Nein, Mutter – ich bin keines von »Gottes besonderen Geschöpfen«, sondern einfach nur klug.

Weil auch mein Vater George Senior und mein Bruder George Junior nicht wirklich etwas mit meinen für die Familie Cooper so untypischen Anlagen anfangen konnten, kam ich mir vor wie ein Kuckucksjunges, das von seinen wirklichen Eltern in das Nest einer anderen Vogelfamilie, etwa den ordinären Zaunkönigs oder den einfachen Rotkehlchens, abgelegt wurde, um sich die aufwendige Aufzucht zu ersparen. Mir als kleiner und einsamer Cuculus Canorus unter lauter anspruchslosen Passerien blieb als einzige Bezugsperson nach dem Tode meines Opi, der mich in unseren wenigen gemeinsamen Jahren für die Wissenschaft zu begeistern vermochte, nur mehr meine Omi, die mich so süß fand, dass sie mich bis heute »Mäusespeck« nennt, was sonst niemand, wirklich niemand, darf! Aber ich will nicht unnötig emotional werden und vom Wesentlichen abschweifen.

Was ich dir eigentlich beibringen möchte – und ich hoffe, dass es dafür noch nicht zu spät ist –, ist, dass du dir deine Freunde im Gegensatz zur oft unbefriedigend gebildeten Verwandtschaft allesamt auswählen kannst. Anhand meines Beispieles möchte ich dir gerne erklären, was dabei besonders elementar ist, indem ich dir die wenigen Menschen vorstelle, die das große Glück haben, sich in meinem engsten Umfeld bewegen zu dürfen. Ach ja – achte bei deiner eigenen Auswahl bitte unbedingt darauf, dass du immer eine ausreichende Distanz zur Intimsphäre des Freundes hältst. Nichts stellt eine größere Belastung dar als das Wissen um die Toilettengewohnheiten des anderen. Zu ärgerlich, dass es dafür im Falle von Leonard schon zu spät ist!

Leonard Hofstadter

Ungeachtet der durch seine LAKTOSEINTOLERANZ verursachten Verdauungsbeschwerden ist Leonard zweifellos mein bester Freund. Als ich ihn kennenlernte, stand er unmittelbar davor, geheimes Wissen aus dem Bereich des amerikanischen Raketenentwicklungsprogramms an eine nordkoreanische Spionin zu verraten, in die er sich verliebt hatte. Seitdem bin ich mir bewusst, dass er meine Obhut dringlicher benötigt als jeder andere! Trotz dieser und zahlreicher weiterer vorhandener Schwachstellen wie seine multiplen allergischen Sensibilitäten mag ich ihn. Angesichts dessen kann ich ihm nicht einmal vorwerfen, sein Tagwerk nicht als geachteter theoretischer Physiker zu verrichten wie ich, sondern auf dem eher eintönigen Gebiet der Experimentalphysik herumzuobjektivieren. Ich meine: An den Stellen, an denen ich überhaupt erst zu denken anfange, ist bei ihm bereits ein rauchendes Loch in der Decke.

Bazinga!

Für diese intellektuelle Diskrepanz zwischen uns beiden kann ich ihn einfach nicht rügen: Was ihm an akademischem Wissen fehlt, macht er zumindest teilweise durch eine im Alltag recht brauchbare Verschlagenheit wett – etwa, wenn es darum geht, die Preise in Stuarts Comicbuchladen herunterzuhandeln, was angesichts der 2600 Comichefte, die allein Leonard besitzt, leider auch bitter nötig ist. Schwerwiegender ist da schon seine haarsträubende Inkonsequenz in Bezug auf sein Paarungsverhalten: Erst machte er mir das Leben schwer, indem er sich mit Penny einließ, dann mit Dr. Winkle, dann wieder mit Penny, dann mit Rajs Schwester Priya, dann mit Dr. Barnett und schließlich wieder mit Penny. Momentan sieht es so aus, als sei eine gewisse Konstanz in sein Kopulationsgebaren eingekehrt, aber das kann auch nur eine vorübergehende Ruhephase sein. Ich muss leider sagen, dass es in unserem Apartment zeitweise zuging wie in einer Zuchtstation für Baumwollschwanzkaninchen – einer der Hauptgründe für die Mitbewohnervereinbarung, die ich mit Leonard getroffen habe und auf die ich selbstverständlich im weiteren Verlauf meiner Ausführungen noch zu sprechen kommen werde.

Diese partielle Unstetigkeit meines Freundes zwang mich auch immer wieder in unschöne Situationen, in denen ich mich genötigt sah, aufwendige Alternativszenarien zu entwickeln, um ihm – entschuldigt die Ausdrucksweise – die GLUTEALREGION zu retten! Das Ganze wurde noch dadurch verstärkt, dass ich grundsätzlich ein massives Unbehagen verspüre, wenn ich anderen Menschen gegenüber mit Unehrlichkeit improvisieren muss. Um dir näherzubringen, wie ein solches perfektes Alibi aussehen kann, will ich dir einen meiner gewieften Schlachtpläne an dieser Stelle nicht vorenthalten.

Nehmen wir also einmal an, dein bester Freund hat sich mit der Schwester eines anderen deiner Freunde getroffen, welcher aber von dem unzüchtigen Tête-à-tête aus verständlichen Gründen nichts wissen darf. Bevor sich dein bester Freund oder die Schwester des anderen Freundes in hoffnungslose Widersprüche verwickeln und der ganze Schwindel auffliegt, solltest du folgende Dinge bereithalten:

- ▸ Die rote Haarsträhne eines Orang-Utans (sollte dir kein Zugang zu einem Primatenlabor möglich sein, empfehle ich, den örtlichen zoologischen Garten um Hilfe zu bitten)
- ▸ Prepaidkarte eines Mobilfunkanbieters samt dazugehöriger Mailbox
- ▸ Eine Serviette aus einem nahe gelegenen Irish Pub, auf die du die Rufnummer der Prepaidkarte notierst

Sollte nun in größerer Runde das Gespräch auf die PROMISKUITÄT deines besten Freundes kommen, kann dieser behaupten, in einem irischen Lokal eine leichtlebige rothaarige Schönheit kennengelernt zu haben, als diese ihn dort bediente. Unter dem Einfluss zahlreicher alkoholhaltiger Getränke kamen die beiden sich näher; die Serviette mit der Rufnummer der Bedienung untermauert diese These ebenso wie die Strähne ihres typisch irischen Haarschopfes. Nur zur Sicherheit solltest du die Mailboxansage vorher von einer weiblichen Computerstimme besprechen lassen, um die Täuschung perfekt zu machen. Tja: Du musst nicht lügen – und dein bester Freund ist aus dem Schneider!

Trotz erheblicher moralischer Bedenken nahm ich des Öfteren für Leonard solche Anstrengungen in Kauf, was mich manchmal an die Grenze der Belastbarkeit brachte – auch, weil er meine Bemühungen durch unprofessionelles Verhalten oft konterkarierte. Und auch seine körperlichen Gebrechen sind oftmals nur schwer zu ertragen: Sein Asthma wäre womöglich noch akzeptabel, doch die eingangs bereits erwähnte Unverträglichkeit gegenüber Milchprodukten macht ein gemeinsames Verzehren derselben für mich zur Qual: Wenn ich für uns eine Pizza bestelle oder uns einen schönen Kakao zubereite – wer, meinst du, darf sich dann den ganzen Abend lang Leonards Gejammer darüber anhören, dass er Schmerzen im Unterleib verspürt?

Weil ich ihm aber einst nach seinem grandios fehlgeschlagenen Treibstoff-Experiment das Leben gerettet habe und er mir deshalb für immer dankbar sein muss, fühle ich mich mit ihm wirklich verbunden. Auch, weil die Hofstadters eine fürwahr beneidenswerte Familie bestehend aus lauter Akademikern sind –

inklusive einer wirklich gescheiten Mutter, die ich sofort gegen meine eintauschen würde, wenn das nur ginge. Aber derartige Alternierungen sehen selbst die sonst nicht besonders zimperlichen texanischen Gesetze leider nicht vor. In seiner beneidenswerten Kindheit durfte er alljährlich an Weihnachten komplexe Hausarbeiten verfassen, welche der Weihnachtsmann anschließend benotete. Was hätte ich für ein solch originelles Geschenk gegeben!

Abschließend kann ich sagen, dass Leonard mir von allen Gefährten am liebsten ist. Das scheußliche Wort »Kumpel« würde mir niemals über die Lippen kommen, aber ich fürchte, die Bedeutung desselben trifft es ganz gut. Auch wenn er im Vergleich zu mir bedauerlicherweise niemals einen Nobelpreis erhalten wird. Eher erhalte ich eine Show in Las Vegas, auf der ich mit kostümierten Elektronen jongliere.

Rajesh Koothrappali

Der gute Koothrappali ist fürwahr ein rätselhaftes Wesen. Er stammt vom indischen Subkontinent, einem ökonomisch unterentwickelten, ethnisch dafür umso diffizilerem Staatsgebilde. Ich will nicht leugnen, dass das übervölkerte Heimatland unseres Rajesh bisweilen durchaus brauchbare Naturwissenschaftler hervorzubringen vermag, wenngleich diese unsere Sprache allesamt mit einem lustigen Akzent sprechen, dabei zur JAKTATION neigen und behaupten, in einem ihrer zahlreichen früheren Leben vielleicht ein am Ganges grasender Sumpfhirsch oder ein neugieriger Hulman gewesen zu sein.

Ich erkenne an, dass es bestimmt nicht einfach ist, ein durchschnittlicher Astrophysiker zu werden, wenn man aus einem Land kommt, in denen die Fahrgäste eines Reisebusses sich gerne auf dessen Außenseite oder dem Dach hängend fortbewegen. Da sein Vater jedoch ein wohlhabender Gynäkologe in Delhi ist und sich mit den dort üblichen Infektionskrankheiten wie ULCUS MOLLE herumplagen muss, war es Raj wie auch seinen fünf Geschwistern möglich, seiner unverständlichen Vorliebe für *Sex and the City* in der Originalsprache nachzugehen. Wiewohl er ohnehin eine nicht zu verleugnende weibliche Attitüde besitzt: In unseren *World-of-Warcraft*-Abenteuern beispielsweise ließ sein Avatar stets sein Schwert vor den Mitkombattanten fallen, nur um sich danach bücken zu können. Davon unbeeindruckt wünschen sich seine Eltern nach eigenem Bekunden jedes Jahr zur Monsunzeit nichts sehnlicher als ein Enkelkind. Dieses Ziel versuchten sie schon des Öfteren zu verwirklichen, indem sie mit der im Hinduismus immer noch üblichen Kuppelei gemäß der traditionellen Mammusriten eine Ehe für Raj arrangieren wollten – bislang aber vollkommen erfolglos.

Seitdem wir in einem gemeinsamen Büro am CALTECH zusammengearbeitet haben und Raj sich unter meiner Obhut weitaus zielstrebiger dem Kosmos und seinen Geheimnissen widmen konnte als zuvor in Cambridge, kenne ich ihn mit Sicherheit besser als er sich selbst. Drollig ist sein SELEKTIVER MUTISMUS in Bezug auf Frauen außerhalb seiner Familie, der unter dem Einfluss von Ethanol allerdings ebenso erheblich abgeschwächt wird wie beim leidenschaftlichen Dialog mit dem Apple-Sprachsteuerungssystem

Siri. Meine Anregung, sich aufgrund dieser Eigenart doch der Pharmaindustrie zu Forschungszwecken zur Verfügung zu stellen, hat er zu meinem großen Bedauern mehrfach abgelehnt.

Aus purer Rücksichtnahme auf Koothrappali verzichte ich schweren Herzens zumeist auf den Verzehr indischer Gerichte, wenn er zugegen ist. Sein ambivalentes Verhältnis zu seiner Herkunft führt außerdem dazu, dass ich ihn immer wieder auf die fehlerhafte Interpretation seiner Religion hinweisen muss: So hat er einmal tatsächlich behauptet, in seiner Heimat gehörten Kühe zu den Göttern, dabei handelt es sich bei Rindern im Hinduismus lediglich um gottähnliche Wesen. Und auch die Tatsache, dass er die Figur des Aquaman nicht ausstehen kann, betrübt mich immer wieder, sodass ich schon kurz erwogen hatte, ihn in unserem Zirkel durch Barry Kripke zu ersetzen. Doch alles in allem bin ich der Meinung, dass er als Vertreter einer ethnischen Minderheit einen Platz in meinem Sheldoniversum verdient hat – obwohl er neben der Uniform von Lieutenant Uhura noch weitere Frauenkleider besitzt und behauptet, diese seien ein Geschenk an seine Mutter, das er nur noch nicht überreichen konnte.

Howard Wolowitz

Für Howard gilt natürlich adäquat das, was ich vorhin in Bezug auf meine eigene Familie bereits gesagt habe: Er kann nichts dafür! Dennoch ist die Beziehung zu seiner Mutter etwas, sagen wir einmal: außergewöhnlich, was auch daran liegen mag, dass sie ihn bis zu seinem zehnten Lebensjahr gestillt hat. Erstaunlich, dass er trotz der immunstärkenden Wirkung von Muttermilch ein derart vielschichtiges allergenes Spektrum besitzt, dass er schon beim Anblick einer Erdnuss in einen komatösen Zustand fällt.

Weil Mrs. Wolowitz es mit Howards trunksüchtigem Vater sicherlich nicht leicht hatte, werde ich mir in Bezug auf ihre ausgeprägte Adipositas auf die Zunge beißen, selbst wenn ich dir wirklich nur zu gerne berichten würde, wie kolossal ihr Umfang tatsächlich ist. Wirklich, sie ist von einer Leibesfülle, die höchstens vergleichbar wäre mit einem riesigen, über und über mit … Nein, ich kann es einfach nicht!

Sie pflegt strenge jüdische Traditionen, die sie zu meinem Unbill Howard ebenfalls aufoktroyiert. Aus diesem Grund fällt unser kleiner herzrhythmusgestörter Freund immer dann für den Videospiel- oder *Halo*-Abend aus, wenn wieder ein hoher hebräischer Feiertag ansteht. Und davon, das kann ich dir sagen, gibt es wirklich viele: Egal, ob Rosch ha-Schana, Schmini Azeret oder Tu B'Av – Howard muss sich an diesen Tagen jedes Mal bei uns entschuldigen, um in die Synagoge zu gehen. Man stelle sich nur vor, ich als Rudelführer würde mir derartige Sonderrechte ebenfalls herausnehmen: Das komplette Sozialleben in unserem Apartment, von dem eine ganze Menge Leute zehren, würde regelmäßig brachliegen.

Davon abgesehen ist unser Verhältnis zugegebenermaßen nicht immer ganz einfach. Howard begehrt oft auf und vergreift sich das eine oder andere Mal dabei im Ton. Auch hat er die unschöne Angewohnheit, mich wegen irgendeiner Nichtigkeit ruppig zu unterbrechen, wenn ich gerade etwas erklären möchte. Dabei hat er als Einziger von uns vieren keinen Doktortitel, sondern nur einen läppischen Master, und ich finde, dass er dieser aller Voraussicht nach unabänderlichen Tatsache öfter durch etwas Demut Tribut zollen sollte – zumal die von ihm entwickelte Weltraumtoilette nachweislich nicht einmal auf der Erde dazu in der Lage war, seine Fäkalien zu entsorgen.

Dass er trotz umfassender Nahrungsmittelallergien letztlich doch ins Weltall fliegen durfte, hat mich seinerzeit sehr überrascht, wenngleich mich noch mehr erstaunte, dass er von dort lebend wiederkam. Immerhin wurde die Rakete im Großen und Ganzen von den gleichen Ingenieuren gebaut, die auch den Reaktor von Tschernobyl konstruierten. Wahrscheinlich hat ihn die NASA nur deshalb in die Umlaufbahn geschickt, weil sie sonst weit und breit niemanden gefunden hatte, der sich mit den russischen Astronauten hätte verständigen können. Anstatt sich nämlich um einen angemessenen akademischen Grad zu kümmern, erlernte er diese unnütze Sprache ebenso wie Mandarin, Arabisch, Farsi und die Gebärdensprache. Das verstehe, wer will!

Oft schon musste ich meinen Großmut ihm gegenüber unter Beweis stellen – etwa als er mir meine mir nachweislich zustehende Stellfläche auf dem CALTECH-Mitarbeiterparkplatz streitig machen wollte. Dass ich weder ein Auto noch eine Fahrerlaubnis besitze, ändert doch nichts an der zweifelsfrei feststehenden Rechtmäßigkeit des Sachverhaltes! Und obwohl ich seinerzeit um des lieben Friedens willen eingelenkt habe: Sollte ich jemals in den Besitz eines BATMOBILS kommen, kann Howard seinen Wagen beim Blintzen-Drive-in um die Ecke abstellen. Allerdings will ich nicht verhehlen, in schwachen Momenten anzuerkennen, dass unter seinen zu engen Rollkragenpullovern auch ein netter Kerl stecken kann, der einfach ein bisschen überbehütet aufgewachsen ist.

Erwähnenswert ist noch die Tatsache, dass Wolowitz als Einziger von uns verheiratet ist – und dass seine Partnerwahl auf jemanden wie Dr. Rostenkowski fiel, die durchaus einen passablen Einfluss auf ihn ausübt.

Amy Farrah Fowler

Natürlich war ich höchst verärgert, als Wolowitz und Koothrappali meine kostbaren, einzigartigen und vor allem vertraulichen(!) Persönlichkeitsdaten einem dieser grässlichen Kuppel-Portale im Internet anvertraut haben. Gleichwohl muss ich zugeben, dass mich das Ergebnis dieses ansonsten himmelschreienden Humbugs doch ein wenig erstaunt hat: Zumindest hat der sicher lächerlich simpel programmierte Algorithmus dieser profanen Paarungsmaschine in Amy Farrah Fowler jemanden entdeckt, dessen persönliche und berufliche Ausrichtung wenigstens gewisse Ähnlichkeiten mit meinen vielfältigen Interessengebieten aufweist.

Um genau zu sein, kenne ich keinen einzigen anderen Menschen, der mir ähnlicher sein könnte als sie, was wirklich die größtmögliche Sympathiebekundung ist, die man jemals aus meinem Munde wird vernehmen können! Doch bevor wir uns an dieser Stelle missverstehen, du unanständiger Flegel: Natürlich wird unsere Beziehung immer platonisch bleiben; ich werde mich später noch ausführlich mit diesem Thema beschäftigen.

Allerdings schafft es diese in einzelnen Momenten durchaus entzückende Person immer wieder, mich auf eine angenehme Art zu überraschen.

Schon unsere erste Begegnung fand nur deshalb statt, weil Amy ihrer Mutter versprochen hatte, ein einziges Mal im Jahr einen Vertreter des anderen Geschlechts zu treffen, und sie ausschließlich aus diesem nachvollziehbaren und moralisch respektablen Grund bei der Website angemeldet war. Immerhin habe ich eine ähnliche Vereinbarung mit meiner Mutter bezüglich des Besuchs in einer Kirche. Zwar bin ich mir manchmal nicht hundertprozentig sicher, ob Amys Konsequenz in der Ablehnung jeglichen physischen Kontaktes (einschließlich des Koitus) ebenso stringent ist wie meine. Trotzdem kam es bis dato, abgesehen von einzelnen spontanen Übergriffen auf meine somatische Unversehrtheit – etwa als sie versuchte, mich durch das Abspielen der Titelmelodie aus *Super Mario Bros.* gefügig zu machen –, zu keinem unsittlichen Verhalten ihrerseits. Aber ich will ihr mal zugutehalten, dass ihre FOLLIKELEPITHELEN immer mal wieder einen Augenblick etwas zu übereifrig zu sein scheinen, was die Östrogenproduktion betrifft. Ich weiß nicht, wie es dir geht – aber ich kann schon dem Vorgang des Küssens allein aus hygienischen Gründen nichts abgewinnen.

Ihre im Vergleich zu gewöhnlichen Frauen wie Penny sehr unkonventionelle und zeitlose Art, sich zu kleiden, ihre klare und vielseitige Ausdrucksweise sowie nicht zuletzt ihre empathische Begeisterung für ihre eigentlich doch recht irrelevante Arbeit als Biologin nötigt mir einen gewissen Respekt ab. Zudem ist Amy eine (und damit auch die einzige) annähernd ebenbürti-

ge Mitspielerin in dem von mir erfunden launigen Zeitvertreib
KONTRAFAKTUALE, in dem ich eine fiktionale Welt, die sich in nur
einem winzigen Punkt von der unsrigen unterscheidet, der Realität gegenüberstelle und Fragen dazu stelle. Amys annähern-
de geistige Äquivalenz tut insofern gut, als dass ich mit meinen
anderen Freunden intellektuell gesehen allenfalls Fang den Hut
spielen kann! Aber für viele Menschen ist es augenscheinlich der
bequemere Weg, sich von der Intelligenz anderer einschüchtern
zu lassen, anstatt an ihrer eigenen zu arbeiten!

In ihren glanzvollsten Momenten kann Amy zudem herrlich herablassend und herzerfrischend abschätzig sein – was eine
schöne Ergänzung zu meinem eher zurückhaltenden und aufop-
fernden Sozialverhalten darstellt. Da ich glücklicherweise aufgrund meiner signifikanten Ratio vor einer Überhandnahme an
Emotionalität gefeit bin, kann ich meine Gefühle ihr gegenüber
– anders als die meisten meiner Freunde – absolut realistisch
einschätzen: Wir beide sind zwei Seelenverwandte, die durch
einen thermischen Neutronenstrahl zueinandergeleitet wurden
und denen jegliche Art der vulgären Körperlichkeit hoffentlich
dauerhaft fremd bleibt. Diese Bewandtnis ist für mich Anlass zu
großer Freude!

Penny

Dieses Mädchen ist wie ein verirrtes Reh in einem Wald voller SE-
QUOIOIDEAEN, in den es durch eine fatale Mischung aus Unkon-

zentriertheit und Unbefangenheit hineingeraten ist. Wäre dies ein Prädikat, das in meinem Wertesystem irgendeine Rolle spielte, würde ich an dieser Stelle sagen, Penny sei durchaus attraktiv – worauf sie freilich halb Pasadena aufgrund ihrer Vorliebe für grotesk anstößige Kleidung nur allzu gerne hinweist! Sie arbeitet als Kellnerin in der Cheesecake Factory in der irrigen Annahme, irgendein Produzent armseliger cineastischer Unterhaltung würde dort irgendwann eine der cholesterinverseuchten Speisen verzehren und Penny für ein Filmprojekt entdecken, bevor ihn die Gallensteine oder seine vielfältigen Süchte dahinraffen. Immerhin hat sie einmal einen Werbespot für eine Hämorrhoiden-Salbe gedreht, obwohl ich mir sicher bin, dass sie nicht einmal weiß, wie man das Leiden schreibt, für dessen versprochene Linderung sie ihr Gesicht zur Verfügung stellte.

Penny entstammt einer Familie, deren Angehörigkeit zum amerikanischen Prekariat unglücklicherweise offenkundig zu sein scheint. Nicht wegen ihres erschütternd kargen Wissensstandes (sie brauchte vier Jahre allein für die Grundschule!), sondern vielmehr, weil schon ihre nächsten Blutsverwandten offenbar stark zum Konflikt mit dem Gesetz neigen: Ihre ältere Schwester schoss einst berauscht vom Alkohol ihren eigenen Ehemann nieder, und ihr Bruder betreibt allem Anschein nach eine Art Drogenlabor. Wenigstens scheint er mehr von Chemie zu verstehen als seine kleine Schwester, die das Periodensystem mit einem Menstruationskalender verwechselt!

Aus diesen Unzulänglichkeiten ergibt sich auch Pennys befremdliche Vorliebe für Country-Musik sowie ihr nicht nachvollziehbarer Geschmack in Bezug auf triviale Fernsehunterhaltung.

Ich meine, sie sieht sich wirklich jeden Tag irgendwelche stupiden Sendungen an, bei denen die Lacher des Publikums allen Ernstes vom Band eingespielt werden müssen, damit die Betrachter am Bildschirm überhaupt merken, wann etwas witzig gewesen sein soll. Das verstehe, wer will!

Nachdem Leonards Körper offensichtlich zu einer übermäßigen METABOLISIERUNG von Testosteron zu Dihydrotestosteron in der Lage ist, hält sich Penny mal mehr, mal weniger häufig in unserer Wohnung auf, was schon oft zu Spannungen zwischen uns führte. Ich will in diesem Zusammenhang gar nicht von den animalischen Geräuschen reden, welche die beiden bei der Ausübung des Koitus ausstoßen – und die mich zum Kauf eines auf Flughafenbaustellen zugelassenen Lärmschutzkopfhörers veranlassten. Aber ich gestehe doch, dass mich die Behandlung ihrer Fußhornhaut mittels eines Bimssteines in unserem Wohnzimmer, die gedankenlose Platzierung auf meinem Platz auf unserem Sofa oder die regelmäßige unbedachte Kontaminierung meines chinesischen Essens durch ihre benutzten Stäbchen teilweise an den Rande einer akuten Belastungsstörung brachte.

Immerhin ist mittlerweile eine gewisse Konstanz in Pennys Paarungsverhalten eingekehrt. Ich führe dies auf die von mir benannte »Leonard-Linie« zurück, welche den Zeitpunkt des ersten Aktes zwischen den beiden aufzeigt und nach der die Anzahl ihrer Geschlechtspartner massiv zurückgegangen ist, von einzelnen Ausrutschern mal abgesehen. Das war in den ersten beiden Jahren, als Penny und Leonard noch nicht intim miteinander wurden, noch deutlich differenzierter, wie meine kleine Grafik zeigt.

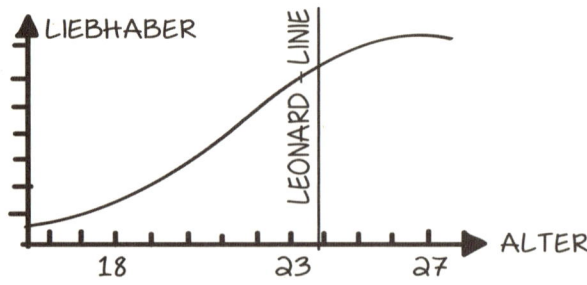

Überdies stellt es für mich eine nicht zu unterschätzende Herausforderung dar, diesem Mädchen die Teilhabe an jenen elementaren Kenntnissen angedeihen zu lassen, die ihr das lückenhafte Schulsystem des Staates Nebraska bedauerlicherweise verwehrte. Ich freue mich direkt, wenn ich in Pennys Wissensschatz wieder ein kleines Fragment einfügen kann. Ihre Naivität in Bezug auf die Realität ist manchmal direkt possierlich: So schlug sie mir einmal vor, ich möge doch eine App entwickeln, die eine umfassende Datenbank für Frauenschuhe zum Inhalt hat. Das dumme Ding! Ich meine, natürlich hätte ich so ein simples Programm zwischen Frühstück und Mittagessen entwerfen können – aber wer sollte sich denn schon für Derartiges interessieren?

Mit Wohlwollen beobachte ich, dass sich unterdessen auch Amy des Anliegens angenommen hat, Pennys Allgemeinbildung über die Vornamen sämtlicher Mitglieder einer mir unbekannten Familie namens Kardashian oder so ähnlich hinaus zu vertiefen. Ihre Fortschritte sind angesichts des niedrigen Niveaus, von dem aus wir mit unserer langwierigen Arbeit beginnen mussten, durchaus beachtlich: Inzwischen hält sie Schrödingers Katze nicht mehr für das Haustier eines Nachbarn, sondern weiß um das 80 Jahre alte Gedankenexperiment, auf das ich später noch zu sprechen kommen werde.

Ich möchte keinen Hehl daraus machen, dass sie mir meine Geduld auf eine gar nicht mal unangenehme Weise dankt. So stand sie mir einst als einziger Mensch zur Seite, als meine Atemwege massiv von MYXOVIREN befallen waren, und sang das Katzentanzlied für mich, wie es als Kind meine Omi und meine Mutter immer taten, wenn ich krank war. Auch hat sie mir in den meisten Fällen selbst nachts Einlass gewährt, wenn ich einen Anfall von AGRYPNIE erleide! Nachdem es alles in allem derart anstrengend war, Penny in mein Leben zu integrieren, habe ich irgendwann beschlossen, unabhängig von den variablen Begleitumständen mit ihr befreundet zu bleiben. Außerdem kocht sie die gleiche Spaghettisoße, die ich schon als Kind gemocht habe. Sie holte mir meine digitalen Habseligkeiten zurück, die mir ein eiskalter Online-Gangster aus meinem Account gestohlen hat. Und sie hat mich nach Disneyland mitgenommen und mich vor Goofy beschützt. Das werde ich ihr wirklich nie vergessen!

Bernadette Rostenkowski-Wolowitz

Dieses zarte Wesen ist ein respektables Beispiel, wie man sich durch Fleiß und Ausdauer einem unerfüllten Dasein als Servierkraft in der Cheesecake Factory entziehen und es zu akademischen Weihen bringen kann. Ich bin mir nicht ganz sicher, ob sie sich bezüglich ihres Nachnamens verbessert hat, als sie und Howard heirateten – aber Rostenkowski konnte in Pasadena wirklich kein Mensch aussprechen, der nicht wie Bernadette polnische Vorfahren hat. Ich jedenfalls verspüre aufrichtige Freude, dass unser Freund Wolowitz eine Partnerin gefunden hat, die noch ein Stück kleiner ist als er, und er sich dabei nicht einmal in einem durchreisenden Liliputaner-Varieté bedienen musste.

Inzwischen ist Bernadette als Mikrobiologin bei einem großen Pharmaunternehmen angestellt, und ich beobachte mit einigem Vergnügen, dass sie auf ihrem Fachgebiet beachtliche Fortschritte erzielt. Ich habe darüber hinaus den Eindruck, dass sie mich und meine transzendenten Spezifika immer wieder aufs Neue zu verstehen versucht, was mich des Öfteren positiv überrascht. Im Zuge dessen weise ich Howards unverschämte Behauptung, dieses Verständnis habe etwas mit der Erfahrung seiner Frau im Umgang mit widerspenstigen Kindern in der illegalen Tagesstätte ihrer Mutter zu tun, über alle Maßen entrüstet zurück!

Erwähnenswert an Bernadette sind natürlich noch ihre strengen und wirklich ultrakonservativen Eltern, deren Empathie geringer ausgeprägt ist als beim Ersten Vorsitzenden unseres texanischen Jäger- und Scharfschützenverbandes. Howard hat noch immer panische Angst davor, aufgrund seiner fraglos vorhandenen verbalen Ungeschicklichkeit bei Bernadettes Vater anzuecken, und versucht krampfhaft, bestimmte Themen nicht anzuschneiden. Darauf basierend habe ich mir als dein Ratgeber für alle Lebenslagen erlaubt, eine Liste an verbotenen Themen zu erstellen, falls du ebenfalls mit Schwiegereltern zu kämpfen haben solltest, deren Toleranzgrenze unterhalb der eines durchschnittlich aufgeklärten Mitteleuropäers liegt:

- Helmut Kohl und die Deutsche Einheit
- Gerhard Schröder und die Agenda 2010
- Ausländer
- Homosexuelle
- Homosexuelle Ausländer
- Die evangelische Kirche (im Falle von katholischen Schwiegereltern)
- Die katholische Kirche (im Falle von allen anderen Konfessionen)
- Bio-Produkte
- Bio-Mülltonnen
- Abfalltrennung im Allgemeinen
- Piercings und Tätowierungen
- Borussia Dortmund (im Falle von Schwiegereltern, die Anhänger von Schalke 04 sind)
- Schalke 04 (im Falle von Schwiegereltern, die Anhänger von Borussia Dortmund sind)
- Bayern München (im Falle von Schwiegereltern, die nicht Anhänger von Bayern München sind)
- Sämtliche Erlebnisse, die stattfanden, bevor du deinen jetzigen Partner kennengelernt hast, insbesondere Erfahrungen mit anderen Partnern, Alkohol und Drogen

Professor Stephen Hawking

Vielleicht wunderst du dich, warum Professor Hawking in meiner kleinen Aufstellung auftaucht, wo diese doch aus lauter Menschen besteht, deren Intelligenz es erfordert, dass ich meine diesbezüglichen Ansprüche leider immer wieder aufs Neue reduzieren muss. Natürlich wäre ich nicht so vermessen, ihn in dieselbe Kategorie wie meine anderen Freunde einzuteilen – in keinerlei Hinsicht! Allerdings teile ich mit Professor Hawking seit einiger Zeit eine gewisse intellektuelle Konnexion, die mich mit Freude und Stolz erfüllt.

Um diese einzigartige Verbindung zweier Genies eingehen zu können, musste ich allerdings einige der größten Erniedrigungen meines Lebens über mich ergehen lassen – und glaube mir: Wer wie ich als Inselbegabter in Osttexas aufgewachsen ist, hat schon viele verschiedene Auslegungen des Begriffs »Erniedrigung« erlebt. Weil ausgerechnet Wolowitz während Professor Hawkings Aufenthalt am CALTECH zur Wartung von dessen Rollstuhl eingeteilt war und so als Einziger Zugang zu ihm hatte, verlangte er von mir entwürdigende Frondienste, um mir Kontakt mit dem Professor zu ermöglichen: So musste ich seine 90 verschiedenen Gürtelschnallen mit Autowachs polieren (und das, obwohl Howard aufgrund seiner geringen Körpergröße immer zu nah am Urinal steht!), des Weiteren zwang er mich, in unserer Cafeteria ein Zimmermädchenkostüm anzuziehen, seine liederlich aussehende Unterwäsche zu waschen und schlussendlich mit seiner Mutter ein Kleid einzukaufen. Obwohl ich an seine Existenz nicht glaube, schwöre ich bei Gott, dass ich mich für diese Demütigungen irgendwann revanchieren werde. Aber verzeiht mir, ich schweife ab.

Jedenfalls durfte ich daraufhin Professor Hawking persönlich treffen und ihm meine wissenschaftliche Arbeit vorstellen. Und was soll ich sagen? Er nannte mich brillant! Nicht, dass ich das nicht selbst gewusst hätte. Aber dies aus dem Munde eines Mannes zu hören, der bereits in den 1960er-Jahren den Beweis einer notwendigen Existenz von Singularitäten in der allgemeinen Relativitätstheorie unter sehr allgemeinen Voraussetzungen erbracht hat und später die für die Quantenfeldtheorie bahnbrechende Idee entwickelte, bei der mathematischen Pfadintegralformulierung nur kompakte euklidische Metriken zu berücksichtigen – das war selbst für mich etwas Besonderes!

Wil Wheaton

Nun, meine Meinung über Wil Wheaton ist in der Tat angewidert bis ambivalent. Eigentlich hat er aufgrund seiner unverzeihlichen Ignoranz und seiner groben Missachtung meiner Gefühle keinen Platz in meiner exklusiven Freundesliste verdient. Immerhin bin ich vor annähernd 20 Jahren über zehn Stunden lang mutterseelenalleine mit dem Bus (ja, mit dem Bus!) von Texas zur vierten jährlichen STAR-TREK-CONVENTION nach Jackson/Mississippi gefahren – was angesichts von 35 Grad im Schatten und meiner hautengen Sternenflotten-Uniform aus reinem Polyester kein reines

Vergnügen gewesen ist. Der einzige Zweck dieser schauderhaften Tortur war, mir von Wil Wheaton meine *Wesley-Crusher*-Actionfigur unterschreiben zu lassen. Für die armen Seelen unter euch, die mit *Raumschiff Enterprise – Das nächste Jahrhundert* nichts anfangen können: Das war die Rolle, die Wil Wheaton darin spielte.

Doch obwohl er in großen Lettern auf dem Convention-Plakat sowie in allen anderen Werbemaßnahmen angekündigt war, kam er einfach nicht. Ich meine – ich bin zehn Stunden lang mit einem Bus zu dieser Veranstaltung gefahren, nicht mit dem Zug oder einem anderen Schienenfahrzeug, nein, mit dem Bus, und Wheaton erschien nicht, weil er lieber in einer TV-Gameshow für einen angeblich guten Zweck auftreten wollte. Dabei wäre der einzig gute Zweck, den er an diesem Tag hätte erfüllen können, gewesen, den kleinen Sheldon Cooper glücklich zu machen! Nach dieser durch nichts wettzumachenden Enttäuschung schwor ich mir, Wil Wheaton für immer und ewig zu hassen, weshalb ich mir auch umgehend die Internetadressen

www.WilWheatonStinkt.com
www.WilWheatonStinkt.org
www.WilWheatonStinkt.net

sichern ließ. Noch heute bin ich der Meinung, dass ich sie irgendwann brauchen werde.

Gleichwohl hat sich der Kerl, so viel Parität in meiner Beschreibung muss leider sein, durch seine damalige Darstellung des WESLEY CRUSHER große Verdienste um die Beachtung des EIDETISCHEN GEDÄCHTNISSES in der öffentlichen Meinung erworben.

Und ja, ich habe seine Figur nicht nur deswegen gemocht. Immerhin war er auf der ENTERPRISE-D für die Steuerung verantwortlich, und CAPTAIN PICARD wird sich schon etwas dabei gedacht haben, als er ihn trotz nicht bestandener Prüfung zum Fähnrich beförderte.

Als wir uns Jahre später erneut begegneten und er mich unter anderem beim fröhlichen Kartenspiel schamlos betrog, war eine weitere Linie unserer Feindschaft überschritten. Doch im Gegensatz zur Leistungsfähigkeit meines Verstandes lassen offenbar mit meinem fortschreitenden Alter meine Animositäten ihm gegenüber nach. Und das hat nichts damit zu tun, dass er versuchte, sich meine Freundschaft mit einer originalverpackten Wesley-Crusher-Actionfigur zu erkaufen. Sondern nur mit meiner zunehmenden CLEMENTIA. Am Ende des Tages ist Wil Wheaton ja nicht nur Crusher gewesen, sondern auch einer jener Schauspieler aus STAND BY ME, den im Vergleich zu Kiefer Sutherland oder John Cusack heute keiner mehr kennt.

Stuart Bloom

Dieser ebenso tüchtige wie sorgenvolle Venditor hat zwar nach eigener Auskunft die Knochendichte eines 80-Jährigen, spielt aber trotz dieses osteopenischen Makels eine durchaus erwähnenswerte Rolle für mein Wohlergehen, weil wir jeden Mittwoch seinen Comicbuchladen besuchen, um die Neuerscheinungen durchzugehen. Doch bei allem Respekt für seine unternehmerische Verantwortung, sich einem derart wichtigen Genre wie der Neunten Kunst zu widmen, scheint mir Stuart bisweilen doch ein verwirrter Freigeist zu sein.

Einst besuchte der wunderliche Träumer nämlich die Zeichenklasse auf der Designschule von Rhode Island – und versuchte anschließend tatsächlich, sich seinen Lebensunterhalt mit der Porträtmalerei zu verdienen. Hat man je eine weltfremdere Lebensplanung gehört als jene, sein Geld mit der Abbildung von anderen Menschen oder Gegenständen zu verdienen? Kein Wunder, dass sich sein Psychotherapeut entleibte und Stuart im Abschiedsbrief die Schuld gab! Weil dieses Unterfangen also wie nicht anders zu erwarten zum Scheitern verurteilt war, machte er sich kurz darauf mit der Idee selbstständig, ein Spezialgeschäft für Zeichengeschichten zu eröffnen. Stuarts unschätzbares Glück bestand nun darin, dass ich durch meine Tätigkeit genötigt war, mir in der näheren Umgebung des Instituts eine Unterkunft zu suchen, welche wiederum nur ein paar Blocks von seinem kleinen Basar entfernt liegt. Ich bin mir sicher, dass ich alleine aufgrund meiner nicht zu leugnenden Vorliebe für Charaktere wie Batman, Flash oder Green Lantern, die ich dir später noch erklären werde, einen erheblichen Teil seines Einkommens beisteure.

Immerhin erkennt er diese keinesfalls selbstverständliche Existenzsicherung meinerseits (ich könnte mir schließlich all die genannten Hefte und Merchandisingprodukte auch im Internet bestellen!) durch die Gewährung eines einigermaßen akzeptablen Freundschaftsrabattes an. Und obwohl ich mit ihm bereits mehrere ernsthafte Auseinandersetzungen hatte, war ich großmütig bereit, Stuart als neuntliebsten Freund in meine Liste aufzunehmen. Für jemanden, der im Falle einer Verifizierung des Todes des ursprünglichen Batman wirklich Jason Todd für den legitimen Nachfolger hält, ist das doch eine beachtliche Leistung, finde ich. Ich meine, Todd war nicht einmal der ursprüngliche Robin, sondern selbst in dieser Rolle nur die Zweitbesetzung; eine solch abwegige Vorstellung ist mir selten untergekommen, wo doch in einer solchen selbst für Superhelden schwierigen Grenzsituation niemand anderes als Dick Grayson für die Maske infrage kommt.

Gut, Stuart kam der plötzliche Tod meines somalischen Brieffreundes zugute, der zuvor diese Position belegte. Aber es ist eine Basis, auf der man aufbauen kann.

So, das war nun ein kleiner Überblick darüber, wie sich mein unmittelbares Milieu zusammensetzt. Ich gehe davon aus, dass du im Zuge meiner bewusst komprimierten Erläuterungen bemerkt hast, wie eminent wichtig ich für jeden Einzelnen davon bin! Die Behauptung, ich sei so etwas wie das menschliche Bindemittel für unsere kleine Gruppe, ist sicherlich nicht aus der Luft gegriffen. Ich kann dir nur ans Herz legen, dich ebenfalls innerhalb deines Freundeskreises unentbehrlich zu machen; sei es durch kleine Hilfestellungen im Alltag oder Verbesserungsvorschläge aller Art. Die Dankbarkeit und Wertschätzung der anderen ist dir in diesen Fällen gewiss. Sei aber gewarnt: Wenn du unbeholfenen Menschen treu zur Seite stehst, dann musst du auch damit leben, dass diese einen festen Platz in deinem Leben okkupieren, den sie nicht mehr herzugeben bereit sein werden. Das ist dann etwas ganz anderes als beispielsweise die Freundschaften in den sozialen Netzwerken, die ich natürlich ebenfalls pflege – alleine über 200 sind es bei MySpace und Facebook – und welche den unschätzbaren Vorteil haben, dass man sich ihrer auch wieder entledigen kann, wenn sie einem lästig werden.

Ach ja – ich habe noch eine kleine Grafik zur Veranschaulichung ausgearbeitet, an der du dich trefflich orientieren kannst, solltest du einmal einen neuen Freund in dein Umfeld aufnehmen wollen. Ich habe das unfehlbare System »Freundschafts-Algorithmus« genannt und möchte es dir, meinem lernbeflissenen Anhänger, nicht vorenthalten:

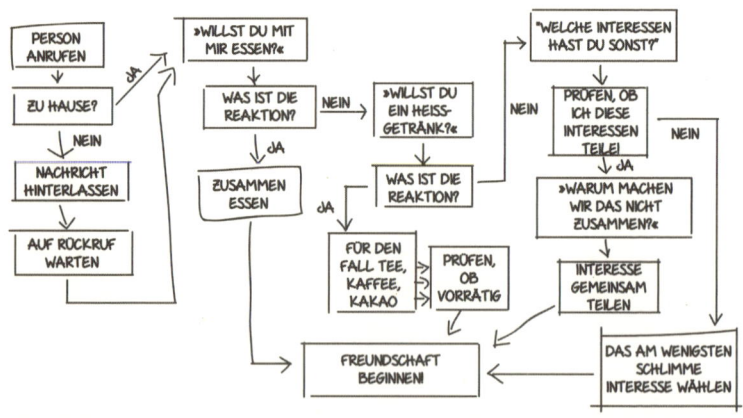

DER FREUNDSCHAFTS-ALGORITHMUS
DR. DR. SHELDON COOPER M. A.

LEKTION 3:

Finde deinen festen Platz

Nichts ist schlimmer als der unerträgliche Umstand, sich jeden Tag aufs Neue mit einer veränderten Situation auseinandersetzen zu müssen, wobei der Wortbestandteil »setzen« in »auseinandersetzen« hier tatsächlich metaphorisch gemeint ist! Kannst du mir folgen? Das ist schön!

Nehmen wir nur einmal das Sofa! Angenommen, du setzt (sic!) dich bei einer gewöhnlichen Zusammenkunft mit deinen Freunden etwa aufgrund eines gemeinsamen Dreipersonenschachabends oder eines Videospielnachmittages aus schierer Gedankenlosigkeit in die Mitte des zur Verfügung stehenden Kanapees und stellst nach wenigen Augenblicken fest, dass es genau dort – und nur dort – über alle Maßen zieht: In diesem Fall setzt (wieder sic!) du dich einer realen Bedrohung aus, die schlimme Folgen für dein Leibeswohl haben kann! Viele Unwissende ignorieren nämlich, dass bei einem gekippten Fenster und einer nicht vollständig abgedichteten Haustüre leicht eine Luftzuggeschwindigkeit von einem ganzen BEAUFORT entstehen kann – mit der fatalen Konsequenz, dass dein Körper langsam auskühlt, die Haut schlechter durchblutet wird und infolgedessen dein Immunsystem einen herzlichen Willkommensgruß an Viren aller Art ausruft!

Oder du bemerkst ebenfalls erst im Nachhinein, dass sich die von dir so unbedacht ausgesuchte Stelle zu nahe an einer Wärmequelle befindet. Dann wirst du dich den gesamten Abend über unwohl fühlen und womöglich zu schwitzen beginnen, wodurch sich wiederum dein Kreislauf überhitzen könnte. Die Folge hiervon dürfte ein erheblicher Konzentrationsverlust einhergehend mit einer mehr als peinlichen Niederlage gegen selbst deutlich unvermögendere, aber komfortabler platzierte Mitspieler sein.

Beide Effekte gilt es natürlich unbedingt zu vermeiden. Berücksichtige für die ideale Sitzposition also bitte unbedingt folgende Voraussetzungen:

- ▸ **Achte auf einen optimalen Abstand zur Heizung**: In den Wintermonaten empfehle ich mindestens zwei, höchstens jedoch dreieinhalb Meter, um einerseits eine übermäßige Transpiration und andererseits ein Absinken der Körpertemperatur zu vermeiden.
- ▸ **Achte auf einen optimalen Abstand zum Fenster**: Bitte bedenke, dass, wenn sich – wie bei uns – regelmäßig mindestens vier Personen gemeinsam in einem Raum befinden, innerhalb von 24 Stunden bis zu zehn Liter Kondensationsflüssigkeit entstehen, die es regelmäßig herauszulüften gilt. Vor allem, wenn wie in meinem Fall drei der vier Personen größere

Nachlässigkeiten in Bezug auf ihre Körperpflege an den Tag legen.

▶ **Achte auf einen optimalen Abstand zum Fernseher**: Dies ist ein gleichsam wichtiger wie oft vernachlässigter Aspekt. Hierbei musst du natürlich die Bildschirmdiagonale des Geräts und weitere Parameter wie die Pixelgröße sowie deine individuelle Augenauflösung mit in deine Berechnungen einbeziehen, was sich am besten unter Zuhilfenahme der simplen Helmholtz-Formel kalkulieren lässt:

$$\frac{1}{u} = \alpha = 0{,}61 \frac{\lambda}{n \sin \alpha}$$

Um an dieser Stelle kostbare Zeit zu sparen, nehme ich dir die Arbeit ab und rechne ein Beispiel vor: Bei einem gängigen LED-Modell mit einem Durchmesser von 40 Zoll und einer Sehstärke von minus 0,25 Dioptrien solltest du exakt 197 Zentimeter vom Apparat entfernt sitzen, damit die Sicht ausreichend ist, die Konversation nicht leidet und keine PARALLAKTISCHE VERZERRUNG entsteht. Die entsprechenden Entfernungen bei anderen Prämissen kannst du anhand dieser Eckdaten nun selbst berechnen!

Sollte dein Platz dagegen die eine oder andere genannte negative Begleiterscheinung mit sich bringen, während die anderen Sitzplätze die nötigen Annehmlichkeiten bieten, kannst du mit an Sicherheit grenzender Wahrscheinlichkeit davon ausgehen, dass du diese schäbige Position niemals wieder loswirst, wenn du dieselben Menschen in derselben Umgebung wieder triffst. Was bei mir bedeutet: jeden verdammten Tag! Deine Bekanntschaften, Spielgefährten oder Lerngruppenmitglieder werden niemals bereit sein, für das Wohlergehen selbst des mit Abstand klügsten Mitgliedes ihrer Gemeinschaft ihre eigene Behaglichkeit wieder aufzugeben. Egoismus ist leider eine sehr weitverbreitete Eigenschaft gerade unter den etwas einfältigeren Exemplaren der Menschheit.

Beinahe überflüssig zu erwähnen, das dieselben Regeln adäquat für deinen Platz am Esstisch in der Cafeteria oder einem Restaurant gelten. Hier sind bei der situativen Prüfung gleich mehrere Fallstricke zu beachten: Die Regelungen in Bezug auf Raumklima und Luftbewegungen gelten hier natürlich entsprechend. Außerdem ist es ausgesprochen von Vorteil, sich in entgegengesetzter Richtung des Laufwegs der Servicekraft zu platzieren, um sich bei der Bestellung, bei auftretenden Beschwerden oder der Bezahlung entsprechend zügig und wirkungsvoll bemerkbar machen zu können. Dass der Blick schon aus ästhetischen Motiven heraus niemals gen Toilette oder zur gegenüberliegenden Wand gerichtet sein sollte, muss ich wohl nicht gesondert erwähnen.

Im Innenraum eines Wagens sind überdies auch noch nicht zu unterschätzende Sicherheitsaspekte zu beachten! Da ich selbst keinen richtigen Führerschein besitze, weil ich finde, dass eine derart monotone Tätigkeit wie das Autofahren meinem nach ständigen Anforderungen gierenden Intellekt eher abträglich sein könnte, kommt der Fahrersitz für mich aus naheliegenden Gründen nicht infrage. Bei kürzeren Fahrten mit niedriger Geschwindigkeit ist der Beifahrersitz insofern zu empfehlen, weil von dort aus die unmittelbare Einwirkung auf den Fahrer am besten möglich ist, sollte es erforderlich werden, dessen Unvernunft Einhalt zu gebieten, oder er mangelhafte Streckenkenntnisse besitzen.

Bei längeren Fahrten indes, die Abschnitte mit mittlerer und hoher Geschwindigkeit (also bis zu 120 Stundenkilometer) beinhalten, solltest du erwägen, in die Mitte des Fonds zu wechseln. Entgegen der landläufigen Meinung ist der zentrale Platz auf der Rückbank nämlich der ungefährlichste im Innenraum eines Automobils. Neuen populärwissenschaftlichen Studien meiner aufmerksamkeitsheischenden Kollegen zufolge ist dieser sogar um bis zu 86 Prozent sicherer als die beiden vorderen Plätze und unterliegt darüber hinaus bei einem eventuellen Überschlag den geringsten Rotationskräften. Aus diesem Grund wäre ich in diesem Zusammenhang unter Umständen bereit, Abstriche in Bezug auf die klimatischen Verhältnisse dieses Platzes zu machen. Mir erscheint die Vorstellung, hinten zwischen Howard und Raj zu sitzen und einer unangenehmen Luftzufuhr aus der Klimaanlage ausgesetzt zu sein, während Leonard vorne das Fahrzeug lenkt und nebenbei mit Penny scherzt, zwar nicht besonders behaglich. Bevor ich aber bei einem Aufprall zusammen mit den anderen vieren sterbe, würde ich diese Einbuße an Bequemlichkeit sogar in Kauf nehmen. Ich werde diese Position bei der nächsten Überlandreise auf jeden Fall einmal ausprobieren.

In einem Zug wiederum solltest du grundsätzlich darauf achten, dich keinesfalls entgegen der Fahrtrichtung oder genau oberhalb der Radaufhängung zu platzieren, weil die dort auftretenden Schwingungen bei Reisen von über einer Stunde Dauer zu massiver Übelkeit führen können. Weiterhin muss ich dir von einem Gangplatz dringend abraten, weil sich dort ständig fremde

Menschen mit ihren schmutzigen Gepäckstücken an dir vorbei-
drängen – und es zu meinem großen Leidwesen auch nicht auszuschließen ist, dass irgendein ungeschickter Tölpel dein Schienbein
mit seinem Rollkoffer zertrümmert. Auf den Fensterplätzen ist
natürlich die jeweilige Aussicht ausschlaggebend – wer etwa auf
einer Fahrt mit dem COAST STARLIGHT entlang der malerischen Pa-
zifikküste die Landseite erwischt und sechs Stunden lang aufge-
schüttete Lärmschutzwälle, Shoppingcenter oder Industriegebiete
betrachten muss, dürfte am Ende der Fahrt ziemlich schwermütig
geworden sein.

Solltest du dich indes zu einem Besuch in einem Lichtspiel-
theater entschlossen haben, muss vor dem Kinogenuss unbedingt
eine wirksame akustische Prüfung des Zuschauerraumes erfolgen! Unabhängig von Popcorn kauenden Nervensägen und sinnlos plappernden Quälgeistern ist während eines anspruchsvollen
Filmes wie *Der Herr der Ringe* wohl nichts ärgerlicher als ein Sitz
abseits des idealen akustischen Absorptionsfeldes. Du eruierst den
Platz deiner Wahl am besten unter Zuhilfenahme eines Xylofons:
Wichtig ist dabei, dass die während eines Filmes auftretenden
unterschiedlichen Schallarten etwa in gleicher Qualität in deinem Gehör ankommen – was nicht ganz einfach ist, wenn man
bedenkt, wie unterschiedlich die OSZILLOSKOPBILDER bei einem
periodischen Klang oder einem Knall ausfallen. Setz dich ruhig
in verschiedene Reihen, bevor die Vorführung beginnt, und über-
prüfe die Phonetik ausführlich, indem du verschiedene Töne in
unterschiedlicher Lautstärke anspielst. Mit der Zeit wirst du die
nötige Routine für diese Aufgabe entwickeln und den idealen Ort
zur Betrachtung eines Unterhaltungsstreifens finden. Das braucht

dir übrigens nicht peinlich zu sein – viele Tiere handhaben das zur Reviermarkierung genauso. Nur ohne Xylofon natürlich!

Zusammenfassend kann ich dir nur dringend raten, dich von Anfang an in jeder Lebenssituation um den prädestiniertesten Ort zu kümmern, den die jeweilige Räumlichkeit zu bieten hat. Begehe oder untersuche die Gegebenheiten vorab – im Idealfall, wenn du alleine bist. Mach dir Gedanken über die äußeren Bedingungen und probiere die verschiedenen Optionen auch physisch in aller Ruhe aus. Nach reiflicher Abwägung entscheidest du dich dann scheinbar zufällig für den besten Platz. Nimm ihn dir – und verteidige ihn anschließend, wenn es sein muss, bis aufs Blut. Die Qualität deines weiteren Lebens hängt in nicht unwesentlichem Maße davon ab!

Natürlich ist mir klar, dass diese höchst zivilisierte Ausprägung der – nennen wir es ruhig: Reviermarkierung – bei deinen Mitmenschen auf eine gewisse Ablehnung stoßen könnte. Die gebührende Unterordnung gegenüber einem deutlich höher entwickelten Exemplar zählt leider nicht zur Stärke unserer Art. Habe also ein bisschen Verständnis, wenn dein im Grunde absolut nachvollziehbares und evolutionsbiologisch auch erforderliches Verhalten einigen Widerständen ausgesetzt ist. Sie meinen es nicht böse! Du kannst die Rebellion der Ahnungslosen aber mit einem kleinen Tick bereits im Keim ersticken: Gib ihnen einfach kleine Prämien, die es ihnen erleichtern, deine Vormachtstellung anzuerkennen!

Dieses System der OPERANTEN KONDITIONIERUNG funktioniert gemäß der guten alten behavioristischen Lernpsychologie ganz simpel: Das spontane Verhalten deines Gegenübers wird durch eine angenehme Konsequenz nach und nach verändert – und wandelt sich zu einem gelernten Verhalten. Im Klartext bedeutet das: Wenn sich jemand über dich aufzuregen beginnt oder dich nicht versteht, gib ihm umgehend eine kleine Belohnung – dann wird die Wahrscheinlichkeit der aufkommenden negativen Gefühle beim anderen immer weiter minimiert, bis sie schließlich verschwinden.

Ich habe zu diesem Zweck meine allseits beliebten und in vielen unterschiedlichen Lebenslagen einsetzbaren »Cooper Coupons« entwickelt, die ich vorwiegend in Situationen eines sich aufschaukelnden Unbills verwende – und welche eine ganze Reihe an nennenswerten kleinen Prämien enthalten, die für meine (und deine) Mitmenschen freilich einen erheblichen Mehrwert mit sich bringen! Ach, und sie eignen sich darüber hinaus übrigens auch hervorragend dafür, jemanden in deine Schuld zu bringen, sodass du im Gegenzug ihm eine Forderung stellen kannst. Wenn das nicht gerissen ist!

Für verschiedene Dinge, die ich für dich tun kann*

COOPER COUPONS

* Anwendbar nur an Sonntagnachmittagen mit einem geraden Datum, Ablaufdatum: 31. 12. 2014

Hier einige Beispiele, mit welchen Leistungen auch du deinen Freunden mit Sicherheit eine Freude bereiten kannst:

▸ Kostenlose Auffrischung der Grammatikkenntnisse für das fehlerfreie Verfassen von SMS, E-Mails oder Tätowierungen (besonders geeignet, um sich bei Penny entweder zu entschuldigen oder sie um einen Gefallen zu bitten, der hauptsächlich daraus besteht, mit Amy irgendwelchen fürchterlich belanglosen Weiberkram zu diskutieren).

▸ Ein Nachmittag im Staatlichen Institut für Wissenschaft, an dem du die Forscher explizit auf ihre Fehler hinweist (obwohl die Angelegenheit ein riesiger Spaß ist, bin ich mir nicht sicher, ob sich Penny dafür wirklich interessiert, deshalb setze ich diesen Coupon vorwiegend bei Amy ein, die ihrerseits gerne einige wissenschaftliche Unzulänglichkeiten aufspürt! Die genannte Einrichtung kannst du natürlich durch praktisch jede ähnliche Institution ersetzen – wie Fraunhofer-Institute, naturwissenschaftliche oder technische Museen, Sternwarten, Planetarien etc.).

▸ Eine vorab festgelegte, zeitlich jedoch auf maximal 94 Sekunden befristete Verweildauer auf deinem Lieblingsplatz (als Ultima Ratio für Situationen, die unglücklicherweise einen regelrechten Kotau erfordern; ich musste dies einmal bei Howard einsetzen, um ihn zu besänftigen, nachdem ich ihn wegen seiner Zerstörung des MARS ROVERS versehentlich beim FBI angeschwärzt hatte).

Spätestens unter Zuhilfenahme solch kleiner Zuwendungen wird es auch dir gelingen, dein Terrain für alle Ewigkeit gegen Eindringlinge zu behüten. Und so hoffe ich, dass auch du demnächst von dir behaupten kannst, vielleicht deine Familie, deinen Partner oder dein Tätigkeitsfeld zu lieben – aber noch viel weiter darüber hinausgehende Gefühle für jenen einzigartigen Platz im Leben zu verspüren, der nur dir allein zusteht!

LEKTION 4:

Achte auf ausreichende Hygiene

Wir befinden uns inzwischen glücklicherweise bereits in der zweiten Dekade des 21. Jahrhunderts. Das bedeutet, dass wir uns gottlob nicht mehr mit technischen Unzulänglichkeiten wie dem Sega Mega Drive oder Windows Vista beschäftigen müssen und dass wir heute durchaus in der Lage sind, einem Patienten Implantate aus einem 3-D-Drucker in den Körper einzusetzen – oder mit diesem faszinierenden Gerät detailgetreue *Star-Wars*-Actionfiguren zu duplizieren! In diesem Zusammenhang ist es eigentlich beschämend, immer noch erwähnen zu müssen, dass eine lückenlose Hygiene zwingende Voraussetzung für den Schutz vor ansteckenden Krankheiten, grauenvollen Bakterien oder gefährlichen Keimen ist! Manchmal kommt es mir so vor, als habe die Menschheit vergessen, aus welchem Grund der Schwarze Tod vor 650 Jahren über 25 Millionen von uns dahingerafft hat, denn ich beobachte immer wieder verantwortungslose Schmutzfinken, die in Sachen Gesundheitspflege geradezu einen Ritt auf der Rasierklinge veranstalten.

Dabei kann schon die Berührung einer gewöhnlichen Türklinke gewissermaßen einem Todesurteil gleichkommen: Dort befinden sich nämlich mit hundertprozentiger Wahrscheinlichkeit einige angriffslustige Legionen von Streptokokken, Kolonien von aggressiven STAPHYLOKOKKEN oder gerne auch ein paar Millionen Exemplare des fiesen Darmbakteriums ESCHERICHIA COLI, wenn der vorherige Benutzer nach dem Toilettenbesuch vergessen hat, sich gründlich die Hände zu waschen, wie es ihm seine Eltern einst erklärten, nachdem er das erste Mal alleine ins Töpfchen machte.

Aus diesem ekel- und vor allem krankheitserregenden Grund bevorzuge ich es, vor allem an öffentlichen Orten – deren Besuch es ohnehin so weit wie möglich zu vermeiden gilt –, stets hinter einem anderen in einen Raum hinein- beziehungsweise aus diesem wieder herauszukommen. Das kann natürlich beispielsweise in einer Toilette oder an einer nicht-automatischen Supermarkttüre zu ärgerlichen Wartezeiten führen! Aber lieber stehe ich zehn Minuten neben einem Waschbecken oder einem Packtisch und warte, bis sich die Eingangstür endlich wieder öffnet, als dass ich einen Griff anfasse, dessen Besiedelung dichter ist als die eines Slums von Mexico City.

Ich versuche, der grauenhaften Vorstellung eines multiviralen Infektes zu entgehen, indem ich mich am liebsten in meinen eigenen vier Wänden aufhalte und – wenn es denn unbedingt nötig sein sollte, diese vorübergehend zu verlassen – mich von Leonard zu meinem Ziel fahren lasse. Der Gute ist zwar leider allzu oft auch recht unbefangen im Umgang mit Seuchen aller Art, aber aufgrund unserer jahrelangen Bekanntschaft verbunden mit einer in einer gemeinsamen Wohnung nicht zu vermeidenden räumlichen Nähe konnten sich meine physiologischen Barrieren weitgehend auf seine Mikroorganismen einstellen und entsprechende Antikörper ausbilden. Trotzdem trinke ich beispielsweise niemals, wirklich niemals aus seinem Glas – schon alleine wegen des Speichelrückflusses, der sich nach jedem Schluck darin entfaltet und der sämtliche Keime enthält, die zuvor in seinen Schleimhäuten Tango tanzten.

Unbedingt zu vermeiden ist die Benutzung öffentlicher Verkehrsmittel – insbesondere natürlich in der Erkältungszeit! Ich weiß noch genau, wie beklemmend es sich für mich anfühlte, als Leonard mich einmal nicht in die Stadt bringen wollte, weil er aus unerfindlichen Gründen und ohne erkennbaren Anlass beleidigt war. Versuche doch mal, in einem voll besetzten Bus ohne Körperkontakt und ohne die Haltestangen zu berühren dein Gleichgewicht zu halten und dabei so wenig zu atmen wie nur möglich. Dies ist anstrengender als jede Leibesübung, aber unbedingt erforderlich, weil schon ein einziger Nieser eines rücksichtslosen Nebenmannes den gesamten Wagen mit dem Schweinegrippe-Erreger H1N1 infizieren kann! Der schiere Gedanke, mich ungeschützt einer Million Tropfen fremden Nasenschleims auszusetzen, verursacht bei mir noch schlimmere Albträume als die griechische Küche. Dieses Volk hat uns vielleicht die Demokratie beschert und einige passable Philosophen, aber wer Speisen hervorbringt, die nach Schweißfüßen schmecken, hat es nicht verdient, zivilisiert genannt zu werden. Das aber nur am Rande.

Um die schlimmsten Konsequenzen für mein sensibles Immunsystem zu vermeiden, versuche ich selbstredend auch, in jeder Lebenssituation ein ausreichend großes Fläschchen Antiseptikum mit mir zu führen, das für wenig Geld dankenswerterweise heutzutage in jedem gut sortierten Drogeriemarkt der westlichen Welt erhältlich ist und dessen Inhalt ich im Notfall als Sofortmaßnahme gegen einen Keimbefall einsetzen kann. Weiter versteht sich die Bevorratung einer ausreichend großen Menge an Antibiotika für einen verantwortungsvollen Einwohner eines Industriestaates von selbst – wie überhaupt deine Hausapotheke unbedingt aus folgenden Medikamenten bestehen sollte:

- Penicillin
- Amoxicillin für den Fall einer plötzlich auftretenden Penicillinunverträglichkeit
- Ampicillin für den Fall einer plötzlich auftretenden Penicillin- und Amoxicillinunverträglichkeit
- Schmerzmittel gegen fieberhafte Erkrankungen
- Schmerzmittel gegen Erkrankungen ohne einhergehendes Fieber
- Schleimlösender Hustensaft
- Mittel gegen Verdauungsbeschwerden wie Durchfall
- Mittel gegen Verdauungsbeschwerden wie Verstopfung
- Spray gegen verstopfte Nasen (Achtung: verursacht Austrocknung der Schleimhäute!)
- Spray gegen trockene Schleimhäute
- Augentropfen

- Ohrentropfen
- Wund- und Heilsalbe für kleinere Verletzungen, die man sich bei Arbeiten im Haushalt zuzieht (Kratzer etc.)
- Farbbrille (am besten in Indigoblau; hat eine beruhigende Wirkung, überdeckt zudem die Farbe einer blutenden Wunde und verhindert so, dass du in Ohnmacht fällst, wenn du dich selbst behandelst)
- sterile Kompressen (mindestens 50 Meter, um den Verband alle 20 Minuten wechseln zu können)
- Wasserfeste Pflaster in verschiedenen Größen
- Wasserlösliche Pflaster in verschiedenen Größen
- Sprühpflaster (bei Unverträglichkeit von Klebepflastern)
- Pinzette, Tupfer, Schere
- Digitales Fieberthermometer
- Analoges Fieberthermometer für den Fall, dass beim digitalen die Batterie leer ist
- Kühlkompressen
- Wärmekompressen
- Nicht geruchsneutrale Knoblauchtabletten gegen mögliche Vampirangriffe

Natürlich musst du unbedingt darauf achten, das Verfallsdatum der Arzneien penibel einzuhalten! Ich bevorzuge es, die Mittel zur Sicherheit bereits wenige Monate vor der vom Hersteller vorausberechneten Ablauffrist in den Müll zu werfen und durch neue zu ersetzen, um sicherzugehen, dass die volle Wirksamkeit der Medizin auch weiterhin gewährleistet ist.

Überflüssig zu erwähnen, dass ich mindestens zweimal täglich dusche und mir sooft ich kann meine Hände wasche, um die apokalyptischen Aussichten einer übertragenen schweren Erkrankung wenigstens etwas zu mindern. Ich möchte mir da später nichts vorwerfen müssen – schon viel zu viele für die Allgemeinheit wertvolle und unersetzbare Gelehrte sind im Laufe der Jahrhunderte durch einen zu laxen Umgang mit Wasser und Reinigungsmitteln aufgrund von Pocken, Lepra oder der Pest zugrunde gegangen!

Wenn allerdings gar nichts mehr hilft und du doch einmal von aggressiven Bazillen zur vorübergehenden Bettlägerigkeit verdammt worden bist, kann ich dir nur noch ein altes Hausmittel ans Herz legen, mittels dessen meine Omi und meine Mutter (und neurdings auch Penny!) in akuten Notfällen dafür gesorgt haben, dass ich die folgende Nacht schadlos überstand. Es ist das Katzentanzlied des begabten Kinderlieder-Komponisten und Germanistikprofessors Fredrik Vahle – und es lautet wie folgt:

Guck, die Katze tanzt für sich allein, tanzt auf einem Bein.
Kam der Igel zu der Katze: Bitte reich mir deine Tatze!
Mit dem Igel tanz ich nicht, ist mir viel zu stachelig.
Doch der Igel neigt sich vor, sagt der Katze was ins Ohr:
Und dann tanzen sie zu zwei'n, über Stock und über Stein
Und dann tanzen sie zu zwei'n, über Stock und über Stein.
Und dann gingen beide heim.

Guck, die Katze tanzt für sich allein, tanzt auf einem Bein.
Kam der Hase zu der Katze: Bitte, reich mir deine Tatze!
Mit dem Hasen tanz ich nicht, ist mir viel zu zappelig.

Doch der Hase neigt sich vor, sagt der Katze was ins Ohr:
Und dann tanzen sie zu zwei'n, über Stock und über Stein
Und dann tanzen sie zu zwei'n, über Stock und über Stein.
Und dann gingen beide heim.

Guck, die Katze tanzt für sich allein, tanzt auf einem Bein.
Kam der Dackel zu der Katze: Bitte, reich mir deine Tatze!
Mit dem Dackel tanz ich nicht, denn der tanzt so wackelig!
Doch der Dackel neigt sich vor, sagt der Katze was ins Ohr:
Und dann tanzen sie zu zwei'n, über Stock und über Stein
Und dann tanzen sie zu zwei'n, über Stock und über Stein.
Und dann gingen beide heim.

Schön, nicht wahr? Ergänzend zu pharmazeutischen Hilfsmitteln kann dieses Lied wahre Wunder bewirken – allerdings nur, wenn es fehlerfrei vorgetragen wird. Sollte derjenige, der es dir vorsingt, sich versprechen oder aus dem Rhythmus geraten, ist es leider unabdingbar, noch einmal von vorne zu beginnen. Ich kann dir jedenfalls nur dringend raten, es mir gleichzutun, denn eine stabile Gesundheit ist eine wesentliche Voraussetzung für einen wachen Geist. Wie sagte so schön der römische Dichter Juvenal: MENS SANA IN CORPORE SANO! Auch wenn der arme Mann vor rund 1900 Jahren Opfer einer DEPORTATIO wurde – recht hatte er auf jeden Fall!

Lektion 5:

Achte auf einen regelmäßigen Speiseplan

Bei aller Reinlichkeit gilt es außerdem, seinen APPARATUS DIGESTORIUS in Schuss zu halten. Immerhin ist der Magen eines der sensibelsten Organe des Menschen. Ungeachtet der bemerkenswerten Komplexität des ausgeklügelten Verdauungssystems stopfen manche von uns tagtäglich gedankenlos irgendeinen Müll in sich hinein und wundern sich dann, wenn ihnen im harmlosesten Fall übel davon wird oder sie über kurz oder lang eine unangenehme Organ- und Stoffwechselerkrankung bekommen wie beinahe die Hälfte aller erwachsenen Amerikaner (und, nebenbei bemerkt, wie sicherlich mindestens ebenso viele Leute bei euch in Deutschland, wenn ich an meine Heidelberger Zeit und den bisweilen furchterregenden Anblick in der Fußgängerzone zurückdenke, wo schon so manch junger Backfisch aussah wie ein Pottwal).

Dabei lassen sich solche Unpässlichkeiten vermeiden, wenn man einen ausgewogenen Speiseplan festlegt, der mit den anderen Tagesaktivitäten eng verzahnt ist und nach dem man sich dann hervorragend richten kann. Gerne lasse ich dich teilhaben an der Reihenfolge, die sich für mich (und damit auch für meine Freunde) in vielen Jahren bewährt hat. Da ich unter der Woche mittags auf unsere qualitativ leider wenig erquickliche Kantine am CALTECH angewiesen bin, muss ich mich tagsüber dem Speiseplan der ebenso uninspirierten wie untalentierten dortigen Köche unterwerfen, weshalb ich mich im folgenden Szenario auf das Frühstück und das Abendessen beschränke. Ergänzend möchte ich noch anfügen, dass ich es allgemein vorziehe, einen Lieferdienst mit unserer Verpflegung zu beauftragen, anstatt in Restaurants zu essen, in denen womöglich nicht einmal das Besteck standardisiert ist und ich meine Mahlzeit am Ende noch mit einem Dreizack anstelle einer handelsüblichen Gabel einnehmen muss. Unsere Besuche in der Cheesecake Factory sind eher ein Freundschaftsdienst gegenüber Penny und stellen hier eine absolute Ausnahme dar.

Montag

Frühstück: Haferbrei

Dieses sättigende und stärkende Gericht ist durch seinen hohen Flüssigkeitsgehalt hervorragend dafür geeignet, den am Wochenende unter Umständen etwas aus der Ordnung geratenen Elektrolythaushalt des Körpers wieder auszugleichen. Immerhin passiert es selbst so einem auf Gesundheit und Wohlbefinden bedachten Menschen wie mir, dass ich meine gewohnte Aufstehzeit von 7.30 Uhr am Samstag oder Sonntag um ein halbes Stündchen überziehe, weil ich später als sonst zu Bett gegangen bin. Und sind wir doch ehrlich: Wer von uns schlägt an einem dieser Tage nicht mal über die Stränge und geht zum Beispiel ein wenig länger ins Naturkundemuseum, als er sollte?

Abendessen: Thailändisch

Die Thai-Küche ist gesund, nahrhaft und nicht zu schwer, um mit ihr die Woche zu beginnen! Besonders wichtig ist es, darauf zu achten, montags nicht allzu scharf zu essen: Wenn du nachts aufstehen musst, weil du Durst bekommst, hast du deinen Schlafrhythmus für die restlichen vier Werktage geradezu aus der Umlaufbahn geschossen! Wäre ich am Dienstag übermüdet, müsste ich unter Umständen ausgerechnet während meiner Morgenvorlesung gähnen – und alle Studenten könnten mein zugegebenermaßen etwas seltsam geformtes Gaumenzäpfchen sehen. Eine grauenvolle Vorstellung! Deshalb bevorzuge ich im Wechsel gebratene Reisnudeln oder das milde Hühnchen in Erdnusssoße aus dem SIAM PALACE oder das etwas kräftiger gewürzte Hühnchen mit Cashewnüssen aus dem *Szechuan Palace*. Streng genommen ist Letzteres natürlich ein chinesisches Restaurant, aber das klassische Cashew Chicken ist in beiden asiatischen Ländern wohlbekannt. Leonard behauptete zwar einige Jahre lang, das SZECHUAN PALACE habe zwischenzeitlich geschlossen gehabt, aber das war natürlich Humbug. Welche Lokale in deiner Stadt für die entsprechend verträglichen und nicht zu pikanten Gerichte infrage kommen, musst du natürlich selbst herausfinden. Ich kann mich schließlich nicht auch noch als Restauranttester verdingen.

Dienstag

Frühstück: French Toast mit Ahornsirup und frischen Erdbeeren

Ich gebe zu – dieser kleine Kompagnon aus Weizenmehl ist eine echte Kaloriensünde, aber auch eine der wenigen kulinarkulturellen Errungenschaften, die es zu Recht von Frankreich aus über den großen Teich geschafft haben. Niemals verwende ich dafür tiefgefrorene Beeren, weil diese oft von minderer Qualität sind und ich nicht mehr akribisch genug die Beschaffenheit der einzelnen Früchte kontrollieren kann. Deshalb lässt sich dieses Gericht sinnvollerweise nur in der Erdbeersaison zubereiten; sollte diese zu Ende sein, kannst du meinetwegen eine zusätzliche Portion Sirup über den Toast geben. Andere Früchte eignen sich meiner Meinung nach nicht, weil sie den eher neutralen Geschmack des Milchbrotes nicht ergänzen.

Abendessen: Barbecue Bacon Cheeseburger

Weil Penny normalerweise immer dienstags zum Arbeiten in der Cheesecake Factory eingeteilt ist, beuge ich mich ausnahmsweise dem Wunsch der Gruppe und begebe mich ebenfalls in dieses vorwiegend auf den simplen Massengeschmack abgestimmte Lokal.

Immerhin ist es mir nach jahrelangen Interventionen gelungen, Penny inzwischen so weit zu instruieren, dass ich mir mein Essen eigenhändig konfigurieren kann. Ich erhalte alle Zutaten einzeln auf zwei Tellern und kann so selbst dafür Sorge tragen, dass Soße, Speck und Schmelzkäse in einem konstanten Verhältnis zueinander stehen. Ich habe schließlich keine Lust, mir jede Woche von einer neuen schlecht bezahlten Küchenhilfe Aussehen und Beschaffenheit eines Gerichtes vorschreiben zu lassen, das ich derart häufig essen muss! Wichtig ist außerdem, besonders sorgsam darauf zu achten, dass der Burger auf jeden Fall die Garstufe »Medium well« erreicht hat, weil nur so gewährleistet ist, dass auch wirklich alle Bakterien abgetötet werden, die sich gerade im Hackfleisch hervorragend ausbreiten können.

Mittwoch

Frühstück: Cerealien

Um den Kalziumhaushalt im Lot zu halten, ist dieses Frühstück ein probates Mittel. Ich vermenge die Flakes mit exakt einem Viertelliter fettarmer Milch und warte 180 Sekunden mit dem Verzehr. Dann (und auch nur dann) hat die kleine Mahlzeit ihre ideale Konsistenz – die Cornflakes sind in diesem Fall nicht mehr so fest, dass sie zwischen den Zähnen hängen bleiben. Sie sind aber auch – was beinahe noch wichtiger ist – nicht zu breiig, um sie gar nicht mehr kauen zu müssen. Bitte verpasse niemals den Zeitpunkt, an dem deine Frühstücksflocken ihre molekulare Integrität verlieren!

Abendessen: *Tomatencremesuppe*

Da wir stets um Punkt 17 Uhr in Stuarts Comicbuchladen sind – an diesem Tag werden, wie du weißt, sämtliche relevanten Neuerscheinungen veröffentlicht –, hat es sich bewährt, auf dem Weg zurück in unsere Wohnung an der Soup Plantation vorbeizufahren und dort eine Tomatencremesuppe mitzunehmen, bevor um 20 Uhr unser *Halo*-Abend beginnt. Letzterer versieht die Mittwochsmahlzeit jedoch auch mit ganz besonderer Brisanz: Der exakte Einnahmezeitpunkt hängt nämlich davon ab, welche und wie viele Neuheiten Stuart angeliefert bekommen hat und wann ich mit der Durchsicht derselben fertig bin. Sondereditionen oder Sammlerausgaben erfordern bei der Inaugenscheinnahme eine höhere Aufmerksamkeit als die gewöhnlichen Monatshefte. Weil Leonard und die anderen mich allzu oft nicht rechtzeitig genug darauf hinweisen, dass der *Halo*-Abend bedrohlich nahe rückt, kommt es von Zeit zu Zeit vor, dass wir gezwungen sind, unser Abendessen überaus hastig einzunehmen. Ein großes Ärgernis – aber du kannst sicher nachvollziehen, warum an diesem Abend angesichts dessen eine Suppe die ideale Speise darstellt.

Donnerstag

Frühstück: *Obst mit Joghurt*

Zeit für Vitamine, meine wissenshungrigen Jünger! Ich präferiere einen Becher griechischen Joghurts sowie eine halbe Grapefruit. Um die Säure der Frucht etwas abzumildern, pflege ich einen viertel Teelöffel Rohzucker darüberzustreuen. Bitte achtet unbedingt darauf, keinen raffinierten Zucker für diesen Schritt zu verwenden, weil sich dessen viel kleinere Kristalle viel zu schnell auf der Grapefruitoberfläche auflösen und die natürliche Bitterkeit erheblich verfälschen. Glaubt mir: Ich musste dies schon einmal ausprobieren, nachdem Leonard irrtümlich den falschen Zucker im Supermarkt gekauft hatte – und es ist wirklich ungenießbar!

Abendessen: Pizza

Wir bestellen donnerstags immer eine Pizza bei Giacomos. Unter den exakt 187 Lieferdiensten in Pasadena (zwei mussten im letzten Monat schließen) ist dieser wahrlich der einzige, der meine Salami-Champignon-Pizza ordnungsgemäß mit anständigen schwarzen anstatt mit minderwertigen grünen Oliven belegt. Man sollte es nicht für möglich halten, mit welcher Gleichgültigkeit meine entsprechend eindeutige Bestellung andernorts schon ignoriert worden ist! Dabei weiß doch selbst ein kleines Kind, dass grüne Oliven aufgrund ihres noch nicht beendeten Reifeprozesses einen höheren Wasser-, dafür aber einen geringeren Proteingehalt besitzen; von der größeren Gefahr eines Befalls mit der Olivenfliege mal ganz abgesehen.

Jede dritte Woche im Monat findet aus mir nicht nachvollziehbaren Gründen der von Leonard, Howard und Raj eingeführte »Alles-ist-möglich-Donnerstag« statt, an dem die drei Filous irgendeinen Unsinn anzustellen pflegen, wie thailändisch zu essen und anschließend auszugehen. Diesen Eskapaden versuche ich mich zu entziehen, wann immer es geht. Ich kann nämlich auch nach intensivem Nachdenken beim besten Willen keinen Sinn darin erkennen, einen solchen Bruch in den Gewohnheiten zu erzwingen. Zumal ich meiner Verdauung nicht zumuten kann, sich alle drei Wochen auf eine schwerwiegende Verschiebung der Speisenfolge einzustellen.

Freitag

Frühstück: *Waffeln*

Dem nahenden Wochenende geschuldet, erlaube ich mir, zwei gefrorene Mehrkornwaffeln zu toasten sowie reichhaltig mit Butter und Sirup zu beträufeln. Bitte achte darauf, dass dein Toaster so eingestellt ist, dass er die Waffeln nicht zu dunkel röstet, er sie aber auch nicht zu hell wieder auswirft. Ich habe den Schieber über Wochen hinweg Millimeter für Millimeter justiert, um die perfekte Einstellung zwischen den Ziffern 3 und 4 auf der Skala zu finden. Deshalb könnte ich wirklich aus der Haut fahren, wenn mein Mitbewohner oder einer unserer Gäste den Regler so gedankenlos bewegt, als handele es sich dabei um einen x-beliebigen Lichtschalter, den man einfach an- und ausknipsen kann. Leonard und ich haben deswegen schon heftig gestritten, also lass bloß niemanden an deinen Toaster – daran sind schon Freundschaften zerbrochen!

Abendessen: *Chinesisch*

Heute ist es endlich möglich, lustvoll chinesisch zu speisen – also wieder im SZECHUAN PALACE zu ordern! Für gewöhnlich spart der Chinese nicht mit Salz. Es kann also passieren, dass du nachts tatsächlich aufstehen musst, um ein Glas Wasser oder fettarme Milch zu dir zu nehmen. Aber sei nicht zu streng mit dir – morgen ist Samstag, und du kannst ruhig eine halbe Stunde länger liegen bleiben. Deine Woche war vielleicht beinahe so anstrengend wie meine, wenn auch sicherlich nicht auf intellektueller Ebene. Umso schöner ist es, an diesem Abend nach dem Essen einem herrlichen Freizeitvergnügen zu frönen: Wir pflegen stets, altmodische Videospiele wie *Super Mario Bros.*, *Zork*, *Frogger* oder *Chip's Challenge* aufzustöbern. Auch für einen Ausnahmebegabten wie mich kann es ein herrliches Vergnügen sein, ein paar elektronische Frösche vor dem Überfahren zu retten und zu ihrem Teich zu führen – vor allem, wenn man ständig gewinnt.

Samstag

Frühstück: Cerealien

Adäquat zu Mittwoch vermenge ich wieder eine Schale Cornflakes mit einem Viertelliter fettarmer Milch. Du weißt ja nun, wie der ideale Zustand der Cerealien auszusehen hat, also spare ich mir an dieser Stelle alle weiteren Erläuterungen. Obschon ich manchmal alle ärztlichen Warnungen in den Wind schlage und voller Vorfreude auf das Kommende eine tüchtige Prise Rohzucker über meine Flakes streue: Während du vermutlich noch schläfst, sehe ich mir jeden Samstagmorgen eine Folge der legendären britischen Serie DOCTOR WHO an, die um 6.15 Uhr auf dem Sender BBC AMERICA läuft. Die frühe Ausstrahlungszeit ist mir recht, denn so kann sich der Doktor in den USA auf eine eingeschworene Fangemeinde verlassen und bleibt verschont von all den oberflächlichen Vergnügungssüchtigen, die am Freitag bis in die Nacht hinein in Bars oder Amüsierbetrieben unterwegs waren und die heute DOCTOR WHO gut finden und morgen womöglich so neumodischen Nonsens wie *Clone Wars* oder dergleichen!

Abendessen: Variabel

Jawohl, mein gelehriger Scholar, du liest richtig: Auch ich lasse an einem solchen Tag einmal fünfe gerade sein (bevor du an dieser Stelle absolut zu Recht intervenierst: Ich weiß natürlich, dass die Primzahl Fünf als sechste Zahl der FIBONACCI-FOLGE niemals eine gerade Zahl sein kann, aber diese Redewendung hat sich nun mal in unserem Sprachschatz etabliert, auch wenn sie zugegebenermaßen völliger Humbug ist). Also richte ich mich essensmäßig danach, was wir den Tag über gemeinsam unternehmen.

Wichtig ist nur, dass ich bis 20.15 Uhr wieder in unserem Apartmenthaus bin, damit ich die Wäsche waschen kann, die während der Woche angefallen ist – und das ist nicht wenig, pflege ich doch niemals ein Kleidungsstück zwei Tage hintereinander zu tragen; nicht einmal einen Pyjama! Der genannte Zeitpunkt hat sich insofern als optimal herausgestellt, weil dann der Waschraum im Keller am geringsten frequentiert ist. Du glaubst mir sicher, dass ich dies in monatelangen Beobachtungen statistisch erfasst und einen eigenen Waschraum-Koeffizienten errechnet habe: Die Wahrscheinlichkeit, dass ein anderer Bewohner um dieselbe Uhrzeit am Samstagabend seine Wäsche waschen will, beträgt 0,58 Prozent – im Gegensatz zu deutlich über fünf Prozent etwa am Sonntagvormittag!

Die Tatsache, dass ich mich also mit 99,42-prozentiger Sicherheit alleine im Tiefparterre befinde, ermöglicht es mir auch, dort meine Fertigkeiten im tuwinischen Kehlkopfsingen zu trainieren. Ich erkenne schließlich an, dass die entsprechenden Übungen, die mich irgendwann zu jener Perfektion treiben sollen, wie sie sonst nur die Angehörigen des so tapferen wie bemerkenswerten Volksstammes erreichen, für meine Freunde vielleicht etwas ungewohnt klingen mögen. Obwohl es diesen wie dir auch gut zu Gesicht stehen würde, sich eingehender mit der einmaligen Kultur Tuwas zu beschäftigen, alleine schon deshalb, weil der Staat einer der Ersten war, der dem Deutschen Reich nach dessen Angriff auf die Sowjetunion am 22. Juni 1941 eine formale Kriegserklärung zukommen ließ.

Sonntag

Ärgerlicherweise ist es mir bislang nicht möglich gewesen, diesem Tag eine ähnlich beständige Struktur zu geben wie den anderen Tagen. Schuld daran sind natürlich in erster Linie Leonard und Penny, die oftmals am Samstag ausgehen und dann geradezu unanständig lange im Bett liegen bleiben, bis es mir gegen 8.30 Uhr zu bunt wird und ich beide wecken muss. An ein gemeinsames Frühstück ist um diese Zeit allerdings nicht mehr zu denken.

Natürlich bleibt es danach auch wieder an mir hängen, eine nachhaltige und akribische Vorbereitung auf unseren regelmäßigen Paintball-Nachmittag auszuarbeiten. Während die anderen

in ihrer manchmal recht kindlichen Unbefangenheit davon ausgehen, es handele sich bei diesen Kämpfen um ein »Spiel«, ist es
allein mir zu verdanken, dass wir nicht jedes Mal ähnlich vernich-
tend geschlagen werden wie die Konföderation in der SCHLACHT
AM ANTIETAM! Je nach Spielverlauf und Spieldauer ist dann auf eine
behutsame Aufnahme von Kohlehydraten zu achten. Ich bevorzuge einen großen Bananenshake und einmal im Monat ergänzend
dazu eine heiße Schokolade – aber nur in Monaten, die ein »R« im
Namen haben!

Das also ist unser normaler Wochenplan, der sich in den vergangenen Jahren absolut bewährt hat, was jedoch von vornherein klar
war, weil ich ihn entwickelt habe. Lass dir von deinem geduldigen
Lehrmeister versichern, dass jede Abweichung fatale Folgen für
unser – und damit auch für dein – Zusammenleben genauso wie
für deine Gesundheit haben kann. Noch jedenfalls ist ein mensch-
licher Körper kein Android, der mit einem kleinen Software-Up-
date auf einen veränderten Ablauf programmiert werden kann,
ohne dabei größeren Schaden zu nehmen. Neurowissenschaftlich
gesehen reagieren wir viel sensibler auf alle Alternationsprozesse
als die meisten anderen Lebewesen, deshalb sollten wir damit auch
vorsichtig sein!

Zur besseren Veranschaulichung und natürlich damit du
dir eine ähnliche Übersicht anlegen kannst, habe ich extra meinen elektronischen Kalender, auch Sheldonianischer Kalender genannt, kopiert – aber behandle die Informationen bitte vertraulich.
Ich möchte nicht, dass sie in die falschen Hände geraten!

Dezember 2013

Montag	Dienstag	Mittwoch	Donnerstag	Freitag	Samstag	Sonntag
25.11. • Haferbrei • Thai (Siam Palace)	**26.11.** • French Toast • Cheesecake Factory	**27.11.** • Bran Flakes Neue Comics • Soup Factory Halo Abend	**28.11.** • Grapefruit mit Joghurt • Giacomos Pizza	**29.11.** • Waffeln • Chinesisch (Szechuan Palace) Videospielklassiker	**30.11.** • Müsli Waschtag	**01.12.** • Paintball-Tag • Bananenshake
02.12. • Haferbrei Chinesisch (Szechuan Palace)	**03.12.** • French Toast • Cheesecake Factory	**04.12** • Bran Flakes Neue Comics • Soup Factory Halo Abend	**05.12.** • Grapefruit mit Joghurt • Giacomos Pizza	**06.12.** • Waffeln • Chinesisch (Szechuan Palace) Videospielklassiker	**07.12.** • Müsli mit Zucker Waschtag	**08.12.** • Paintball-Tag • Bananenshake
09.12. • Haferbrei • Thai (Siam Palace)	**10.12.** • French Toast • Cheesecake Factory	**11.12** • Bran Flakes Neue Comics • Soup Factory Halo Abend	**12.12.** • Grapefruit mit Joghurt • Giacomos Pizza	**13.12.** • Waffeln • Chinesisch (Szechuan Palace) Videospielklassiker	**14.12.** • Müsli Waschtag	**15.12.** • Paintball-Tag • Bananenshake
16.12. • Haferbrei Chinesisch (Szechuan Palace)	**17.12.** • French Toast • Cheesecake Factory	**18.12** • Bran Flakes Neue Comics • Soup Factory Halo Abend	**19.12.** • Alles-ist-möglich-Donnerstag • Grapefruit mit Joghurt • Giacomos Pizza	**20.12.** • Waffeln • Chinesisch (Szechuan Palace) Videospielklassiker	**21.12.** • Müsli mit Zucker Waschtag	**22.12.** • Paintball-Tag • Bananenshake
23.12. • Haferbrei • Thai (Siam Palace)	**24.12.** • French Toast • Cheesecake Factory	**25.12** • Bran Flakes Neue Comics • Soup Factory Halo Abend	**26.12.** • Grapefruit mit Joghurt • Giacomos Pizza	**27.12.** • Waffeln • Chinesisch (Szechuan Palace) Videospielklassiker	**28.12.** • Müsli Waschtag	**29.12.** • Paintball-Tag • Bananenshake
30.12. • Haferbrei Chinesisch (Szechuan Palace)	**31.12.** • French Toast • Cheesecake Factory	**01.01** • Bran Flakes Neue Comics • Soup Factory Halo-Abend	**02.01.** • Grapefruit mit Joghurt • Giacomos Pizza	**03.01.** • Waffeln • Chinesisch (Szechuan Palace) Videospielklassiker	**04.01.** • Müsli mit Zucker Waschtag	**05.01.** • Paintball-Tag • Bananenshake • Heiße Schokolade

Bekenne dich zu deinen Ängsten

Laut neuester psychologischer Erkenntnisse gibt es ungefähr 200 bis 300 bekannte Phobien. Darunter befinden sich so absonderliche wie die Angst vor Röntgenstrahlung, Radiophobie genannt. Hat man je etwas Lächerlicheres gehört, als dass sich ein Mensch vor harmlosen elektromagnetischen Wellen fürchtet? Solche durchweg merkwürdigen Befangenheiten sind mir dankenswerterweise fremd! Allerdings ist es angesichts meines bereits erwähnten exorbitanten Intelligenzquotienten sowie eines Gedächtnisses, das nicht imstande ist, auch nur einen einzigen Eindruck des bisher von mir Erlebten aus dem deklarativen Erinnerungsvermögen zu eliminieren, nicht weiter verwunderlich, wenn mein *Cortex cerebri* dem einen oder anderen Sachverhalt skeptisch gegenübersteht. Solltest du also an einer der von mir nun aufgeführten Phobien leiden, muss dir deswegen nicht allzu bange sein! Sie sind eher ein Zeichen dafür, dass auch dein geistiges Leistungsvermögen deutlich über das Normalmaß hinausgeht. Wer aber zum Beispiel eine ernste Angelegenheit wie die KINESOPHOBIE allenfalls für das neueste Multiplextheater in der nächsten Großstadt hält, für den dürfte die Teilnahme an einer interfakultären Karnevalsfeier den absoluten Höhepunkt seiner akademischen Laufbahn darstellen!

Um dir die Selbstdiagnose etwas zu erleichtern, habe ich die bei mir diagnostizierten phobischen Störungen alphabetisch geordnet.

Agaraphobie

Gemeinhin bezeichnet man damit die Angst, angefasst zu werden. Ich würde nicht so weit gehen zu behaupten, dass mich die übertriebene körperliche Nähe anderer verängstigt. Jedoch halte ich Berührungen von Leuten, deren Keimfreiheit nicht hundertprozentig garantiert werden kann, schon aus virologischen Aspekten heraus für mehr als fahrlässig! Ich kann nichts dagegen tun – dieses Unbehagen verspüre ich, seit ich ein kleines Kind war. Und obwohl ich diesen Zustand in einigen wenigen schwachen Momenten sogar etwas bedaure, reicht es mir für mein grundsätzliches Wohlbefinden, wenn mich meine Omi, meine Mutter und ja, auch Penny, jeweils kurz umarmen. Im Falle von Penny war diese Geste nonverbaler Zuneigung allerdings wirklich gerechtfertigt, denn wer mir die DNA von LEONARD NIMOY auf einer signierten Stoffserviette überreicht, der hat es verdient, dass ich darauf mit einem Höchstmaß an körperlicher Zuwendung reagiere! Aber falls es dich beruhigt: Ich habe Amy versprochen, ihr zuliebe an meiner Agaraphobie zu arbeiten und sie in den Kreis jener Privilegierten aufzunehmen, welche partiell in meine Intimsphäre eindringen dürfen. Ohnehin habe ich den Entschluss, derartige Kontakte restriktiv zu beschränken, zu meinem Leidwesen bereits stark verwässert und bin in einer Mischung aus völliger Umnachtung und unverzeihlichem Leichtsinn Wil Wheaton um den Hals gefallen, als er mir, wie ich schon berichtet habe, seine letzte originalverpackte Wesley-Crusher-Actionfigur schenkte, die der unerträgliche BRENT SPINER unmittelbar darauf entweihte, indem er sie aus der Packung nahm!

Autophobie

Nicht doch, du ulkiger Spaßvogel, ich spreche natürlich nicht von der Angst vor Automobilen. Die heißt lustigerweise Motorphobie – und kommt später noch! Bei der Autophobie handelt es sich um die Angst vor dem Alleinsein, die sich bei uns Menschen schon allein aus der Tatsache heraus begründet, dass wir zur Ordnung der Primaten gehören, welche bekanntlich praktisch seit Anbeginn der Evolution vorwiegend in Gruppen leben. Selbst bei Orang-Utans, den absoluten Einzelgängern unter den höheren Säugetieren, überschneiden sich die Reviere der einzelnen Tiere immer mal wieder. Da ist es doch nur folgerichtig, dass auch euer Sheldon ein durchweg geselliger Zeitgenosse ist. So sehr ich es auch liebe, mich voll und ganz in meine wissenschaftliche Arbeit zu vertiefen, so sehr genieße ich es, von Zeit zu Zeit andere Menschen um mich zu haben, denen ich hilfreicher Beistand und väterlicher Ratgeber sein kann. Stell dir nur einmal vor, ein liebenswerter Chaot wie Leonard müsste alleine in einer solch großen Wohnung wie der unseren zurechtkommen – das wäre doch völlig undenkbar. Da ist es schon sinnvoller, er hat jemanden mit einer ausgeprägten Ratio wie mich an seiner Seite, der darauf achtet, dass alles seinen geordneten Gang geht und nichts aus dem Ruder läuft. Ganz so, wie es die Natur mit der Festlegung einer spezifischen Rangordnung eben gewollt hat.

Canophobie

Die Angst vor Hunden muss ich nicht wirklich näher begründen, oder? Die Tatsache, dass die Familie der CANIDAE zur Ordnung der Raubtiere gehört, erklärt diesen Punkt eigentlich von selbst. Da können dir all die gutgläubigen Herrchen oder Frauchen noch so oft erzählen, ihr kleiner Zwergpinscher sei seit seiner Welpenzeit ein verspieltes Fellknäuel – tief im Innersten eines jeden Hundes verbirgt sich derselbe gefährliche und unkontrollierbare Genpool wie beim gemeinen Wolf, Schakal oder Kojoten. Schon oft verspürte ich den unstillbaren Blutdurst dieser Kreaturen am eigenen Leibe – etwa als ich auf dem Weg zu Penny mit einer Packung Hotdog-Würstchen in der Hose einem waffenscheinpflichtigen Riesenvieh anheimfiel, das nur dank meines übermenschlichen Einsatzes, den ich entwickelte, als ich dem Tod ins Antlitz blickte, wieder von mir abließ. Meine Abneigung gegen Hunde geht sogar so weit, dass ich selbst so einem harmlos daherkommenden Exemplar wie Goofy nicht einen einzigen Meter weit über den Weg trauen würde.

Hämatophobie

Da ich trotz der vielen Martern, die ich während meiner Kindheit zu erleiden hatte, selten blutete, weil die mir zugefügten Qualen mehr psychischer denn körperlicher Natur gewesen sind, war ich mir auch nicht im Klaren darüber, dass ich überaus empfindlich reagiere, wenn ich dem Anblick dieser Suspension aus Wasser und zellulären Bestandteilen ausgesetzt bin. Dies ist umso erstaunlicher, weil es sich bei Blut um eine sogenannte nicht Newton'sche Flüssigkeit handelt, bei der die SCHERGESCHWINDIGKEIT eben nicht proportional zur Scherspannung ist – ein faszinierender physikalischer Vorgang, der mir aus meiner täglichen Arbeit eigentlich nur allzu geläufig ist! Dennoch reagiere ich beim Anblick meines eigenen SANGUIS leider etwas unpässlich, wie ich unter anderem in Amys Labor feststellen musste, als ich zu Versuchszwecken ein Gehirn sezieren wollte und ich mich dabei verletzte. Freilich möchte ich zu meiner Ehrenrettung anführen, dass mir Amy ein Skalpell mit den Ausmaßen eines Dreschflegels in meine ungeschützten und im Obduzieren eher unerfahrenen Hände gab und ein tiefer Schnitt somit praktisch nicht zu vermeiden war. Die tiefe Ohnmacht und der in meinen Augen durchaus besorgniserregende Blutverlust hat mir jedenfalls einmal mehr verdeutlicht, gefährliche körperliche Arbeiten jedweder Art lieber von anderen erledigen zu lassen. Wofür habe ich denn sonst einen Mitbewohner, wenn nicht zum Zusammenbauen meiner IKEA-Schränke?

Motorphobie

Normalerweise sehe ich davon ab, mich selbst an das Steuer eines Automobils zu setzen. Zwar lege ich mein Leben nur höchst ungern buchstäblich in die Hände von Leonard, dennoch ist mir die Bedienung eines handelsüblichen Wagens von jeher nicht ganz geheuer. Wann immer es möglich ist, bevorzuge ich es ohnehin, mit dem Zug zu reisen – natürlich auch, weil das statistische Risiko, mit dem Auto zu verunglücken, exakt 47-mal größer ist als bei der Bahn!

Mehr noch: Mit lediglich 0,04 getöteten Reisenden pro Milliarde Kilometer sind Schienenfahrzeuge die mit Abstand sichersten Verkehrsmittel überhaupt. Im Straßenverkehr liegt die Zahl pro Milliarde Kilometer dagegen bei mehr als drei Getöteten – da könnte man sich im Grunde genommen einfach während der Rushhour quer auf die Autobahn legen! Trotzdem musste ich in einer unschönen Grenzsituation einmal selbst zum Steuer greifen, um die an der Schulter verletzte Penny zum Arzt zu bringen, während meine drei anderen Freunde in einem Anflug von jähem Egoismus unter dem Einfluss von halluzinogenen Substanzen einen Meteoritenschauer beobachteten. Schon das Justieren der ergonomisch sinnvollsten Sitzeinstellungen nötigte mir damals großen Respekt ab – ganz abgesehen vom Aufleuchten der Motorkontrolllampe. Wenn diese wirklich keine Bedeutung gehabt hätte, wie Penny während unseres wahrhaft rasanten Ritts durch die Nacht von Pasadena versicherte, hätte sie der Hersteller wahrscheinlich nicht einbauen lassen, oder? Wie auch all den anderen Kram, der sich irgendwo in dem Vehikel befand und dessen verwirrenden Steuerungselemente willkürlich rund um das Lenkrad angebracht waren. Zwar kann ich mit Stolz behaupten, dass ich durch meinen selbstlosen Einsatz Pennys Leben oder zumindest ihren rechten Arm gerettet habe. Aber ich muss künftig definitiv kein Fahrzeug mehr steuern – das hat Spock auf der Enterprise ja auch nicht gemacht!

Mysophobie

In diesem Fall weigere ich mich vehement, von einer Angststörung zu sprechen! Meine natürliche Abneigung gegen Keime, Bakterien und Verschmutzungen aller Art ist ganz sicher keine pathologische

Auffälligkeit, wie meine in diesem Punkt leider sehr nachlässigen Freunde oft genug behaupten, sondern lediglich ein ausgeprägtes Hygienebedürfnis, von dem ich dir an anderer Stelle ja schon in aller Ausführlichkeit berichtet habe. Also brauchen wir auf diesen Aspekt nicht weiter einzugehen – er gehört schlichtweg nicht in diese Auflistung. Ich habe ihn nur erwähnt, damit du das Wort einmal gehört hast und weißt, wann du in meinem Sinne zu intervenieren hast, wenn es von Leonard, Howard oder Raj aus dem Zusammenhang gerissen mal wieder genannt wird.

Ornithophobie

Hier verhält es sich ganz ähnlich wie bei den Hunden: Auch Vögel mögen auf den ersten Blick eher possierlich wirken. In Wahrheit sind sie aber viel gefährlicher, als ihr adrettes Äußeres dies uns zu assoziieren vermag. Schon meine ersten Begegnung mit diesem Getier vermochte mich für die folgenden drei Jahrzehnte zu traumatisieren: Es handelte sich um einen angriffslustigen Kolibri, der einst meinen Kinderwagen attackierte. Später sah ich mich einer diebischen Elster ausgesetzt, die es auf meine glänzende Zahnspange abgesehen hatte (die sich in meinem Mund befand!) – oder einer Möwe, die mir während unseres einzigen Familienurlaubs in Florida am Strand mittels eines hinterhältigen Flugangriffes meinen Hotdog entwendete. Es grenzt an ein kleines Wunder, dass die gute Bernadette meine Ornithophobie eines Tages dank einer ausgeklügelten Zwangstherapie deutlich zu vermindern vermochte. Obschon ich immer noch nicht nachvollziehen kann, wie andere Menschen sich manch gefiedertes Monster als Haustiere halten können, sehe ich diese wilden Geschöpfe mittlerweile in einem anderen Licht – dem warmen Schein einer den Brütvorgang unterstützenden Infrarotlampe.

Scelerophobie

In Unkenntnis einer solchen Angst, wie sie Bewohner von gemeingefährlichen Metropolen wie San Pedro Sula (Honduras), Ciudad Juárez (Mexiko) oder dem brasilianischen Maceió (um nur die drei derzeit kriminellsten Städte der Welt zu nennen) wohl tagtäglich aufs Neue verspüren, lebte ich annähernd zwei Jahrzehnte von Schurken und Gesindel unbehelligt in Osttexas, ein halbes Jahr in Deutschland und einige Jahre hier in Kalifornien. Bis ein einschneidendes Erlebnis meine Arglosigkeit für immer zerstören sollte: In unser Apartment in der selbst ernannten »Stadt der Rosen« (was für ein Hohn!) wurde eingebrochen, wobei die skrupellosen Schwerverbrecher unseren Fernseher, zwei Laptops, vier externe Festplatten, unsere Playstation 2, unsere PlayStation 3, unsere X-Box, die X-Box 360, den Classic Nintendo, den Super Nintendo, den Nintendo 64 und schließlich noch unsere Wii sowie zwei Dutzend Spiele, darunter die *Halo*-Trilogie, *Final Fantasy I* bis *XI* sowie *Mrs Pacman* entwendeten! Seitdem bin ich gepeinigt von nächtlichen Attacken blanker Panik, ein solches Kapitaldelikt innerhalb meiner eigenen vier Wände könnte erneut passieren. In meiner Not erwog ich sogar, mich kurzerhand bei Penny einzuquartieren, was nur beweist, in welcher emotionalen Grenzsituation ich mich unmittelbar nach diesem Vorfall befand. Aufgrund dessen ließ ich umfangreiche Sicherheitsmaßnahmen wie ein Titanschloss samt codiertem Zugangssystem, einen Fingerabdruck- und Stimmsensor, mehrere Bewegungsmelder und Kameras installieren, was mich zumindest wieder ein klein wenig beruhigte. Das von Wolowitz angeschaffte elektrische Fangnetz entfernte ich allerdings wieder, nachdem ich selbst in die Falle getappt und dem Tod nur knapp entgangen bin. Und einen Umzug an einen sichereren Ort wie das Städtchen Bozeman Montana, verwarf ich ebenfalls – weil mir gleich nach meiner Ankunft das Gepäck gestohlen wurde. Es scheint, als habe die Gesetzlosigkeit inzwischen überall Einzug gehalten, selbst bei den Hinterwäldlern!

Topophobie

Selbst ein so redegewandter und eloquenter Intellektueller wie ich tut sich manchmal schwer damit, vor größeren Gruppen zu sprechen. Damit wir uns nicht missverstehen: Es bereitet mir keinerlei Mühe, vor vielleicht zwei Dutzend Kaugummi kauende, schwatzhafte und iPod-hörende Studenten zu treten und eine akzentuierte, pointierte und kurzweilige Abhandlung über die experimentelle Überprüfung der String-Theorie anhand der niedrigenergetischen Anregungen unter Zuhilfenahme des Kompaktifizierungsmechanismus abzuhalten. Wenn sich aber mehr als 36 Erwachsene beziehungsweise 70 Kinder in einem geschlossenen Raum befinden, ist mein Geist wie vernagelt und ich könnte diesen Leuten nicht einmal mehr erläutern, bei welchen Quantenzahlen sich die Schleifenkorrekturen von den Superpartnern unterscheiden. Dieser Makel liegt nicht etwa an einer Art von gemeinem Lampenfieber – wo kämen wir denn hin, wenn jemand aufgeregt wäre, dessen Auffassungsgabe effektiver ist als die aller anderen Anwesenden zusammen?! Vielmehr sind die von mir genannten exakten Personenzahlen die eindeutigen Ergebnisse aufwendiger Berechnungen, welche ich angestellt habe, um herauszufinden, wie viele Menschen im Falle einer plötzlich auftretenden Massenpanik erforderlich wären, um mich zu Tode zu trampeln. Ich denke, du verstehst, weshalb ich lieber vor einem überschaubaren Publikum auftrete.

Darüber hinaus werde ich mir in letzter Zeit immer öfter meiner physischen Verwundbarkeit und meiner zumindest nach gegenwärtigen wissenschaftlichen Erkenntnissen unvermeidbaren Mortalität bewusst. Eine fürwahr schmerzliche Erkenntnis, die mich angesichts des bereits eingangs erwähnten mangelhaften Genmaterials meiner Familie noch weiter betrübt! So starb etwa Onkel Carl durch den Angriff eines Waschbären. Nicht, dass ich befürchte, dass diese Todesart an sich erblich bedingt ist, wohl aber womöglich der unglaubliche Leichtsinn, der meinen Onkel in den Kamin klettern ließ, in dem sich der aggressive und kampfeslustige Geselle befand.

Besonders ärgerlich ist die Tatsache, dass das Ende meiner weiteren Lebenserwartung von (Stand jetzt) ungefähr 60 Jahren meinen umfangreichen Berechnungen zufolge gerade einmal einige Jahre von jenem epochalen Zeitpunkt entfernt liegen dürfte, an dem es möglich sein wird, das menschliche Bewusstsein in ein Roboterwesen zu übertragen. Weitere bahnbrechende künftige Entwicklungen, die im Jahr 2080 gang und gäbe sein und mir unter diesen Umständen entgehen werden, sind:

- ▸ Die einheitliche Feldtheorie
- ▸ Die kalte Fusion
- ▸ Der Hundopus, eine achtarmige Kreuzung aus Hund und Oktopus

Außerdem wird 2102 die ECS HORIZON in Betrieb genommen, auf dem ein paar Jahre später TRAVIS MAYWEATHER geboren wird – einer der Protagonisten der entsetzlich schlechten fünften *Star-Trek*-Serie. Es wäre schön, wenn ich das irgendwie im Vorfeld verhindern könnte! Schon alleine deshalb lasse ich nichts unversucht, wenigstens die Sterblichkeitsrisiken zu minimieren, die in meiner Hand liegen. Den zwischenzeitlich eingeführten »Kreuzblütlertag«, an welchem ich ausschließlich Gewächse aus dieser Pflanzenfamilie wie Rosenkohl, Steckrüben und Kohlrabi zu mir nehmen wollte, habe ich zwar aufgrund massiver DYSPEPSIE umgehend wieder ad acta gelegt. Auch den Gedanken, mich gezielt Leibesertüchtigungen in Form von Jogging oder Ähnlichem zuzuwenden, musste ich wegen der erhöhten Verletzungsgefahr verwerfen.

Die Idee einer virtuellen Präsenz meiner selbst, die mich an allen relevanten sozialen Interaktionen meines Lebens teilhaben lässt, während sich mein tatsächlicher Körper an einem sicheren Ort befindet, habe ich allerdings noch nicht endgültig negiert. Hätte mir nicht STEVE WOZNIAK einen Strich durch die Rechnung gemacht, als er sich eines Tages in die Cheesecake Factory verirrte, würde ich immer noch auf diese Weise entspannt mit Leonard ins Institut fahren können, ohne mich ständig um die Wahrscheinlichkeit eines Auffahrunfalls sorgen zu müssen. Aber meine virtuelle Präsenz konnte sich meinen APPLE 2 leider nicht von Wozniak signieren lassen.

LEKTION 7:

Regle dein Zusammenleben

Ich habe dir hoffentlich bereits schlüssig und nachhaltig erklärt, warum ich einerseits einen gesteigerten Wert auf den angebrachten Respekt vor meiner Privatsphäre lege – andererseits aber auch gerne ganz bestimmte Menschen um mich herum habe. Um aus diesem überaus konträren einen allenfalls noch polaren Gegensatz zu machen, bot es sich an, mein Drei-Zimmer-Apartment mit Leonard zu teilen, der mir seinerzeit auf der Suche nach einer günstigen Unterkunft am Schwarzen Brett in die Arme lief.

Auch wenn ich durch diese nun schon einige Jahre zurückliegende Selbstlosigkeit der schönen Tradition des heiligen Sankt Martin folgte, des Schutzpatrons aller Heimatlosen, sah ich mich von Beginn an genötigt, unumstößliche Regularien für dieses enge Miteinander aufzustellen. Ich konnte es schließlich nicht riskieren, dass unsere kleine und volatile Gemeinschaft durch unhaltbare Zustände in Bezug auf Reinlichkeit und Ordnung zerstört werden würde! Immerhin war mir ein derartiger Wohnraumhorror wohlbekannt, seitdem mir einige meiner Heidelberger Studenten von sogenannten Wohngemeinschaften erzählten, die teilweise aus einem halben Dutzend gemischtgeschlechtlicher Habitanten bestanden – und in denen offenbar an jedem Wochenende regelrechte Orgien gefeiert wurden. Ja, diese entrückten Deutschen luden mich sogar in ihre Lasterhöhlen ein. Doch schon die bloße Vorstellung des Besuchs einer Behausung, in welcher die Bewohner ihr Geschirr dem Vernehmen nach in der Badewanne spülten, erzeugte bei mir einen massiven Vomitus, weshalb ich die Einladungen dankend ablehnte.

Zu meinem Verdruss kann ich mich jedoch auch heute noch ab und zu des Eindrucks nicht erwehren, meine Mitbewohnervereinbarung, die ich Leonard einst unterschreiben ließ, würde von ihm und meinen anderen Gästen nicht mit dem angebrachten Ernst behandelt. Aber ich stelle zumindest mit einigem Wohlwollen fest, dass sie von einzelnen kleineren Exzessen abgesehen weitgehend eingehalten wird. Weil das komplette Konstrukt, welches mich zu verfassen mehrere Tage und Nächte kostete, weit über 120 Seiten umfasst und für unsere kleine Abhandlung hier zu umfangreich wäre, stelle ich dir an dieser Stelle nur einige ausgesuchte und zu deinem besseren Verständnis speziell für dieses Werk neu sortierte Punkte anheim – die du aber ohne Weiteres zum Vorbild für individuelle Regelungen mit deinem eigenen Mitbewohner nehmen kannst. Auch ich habe schließlich manch unvorhersehbarer Entwicklung wie der Beziehung zwischen Leonard und Penny oder aber Leonard und anderen weiblichen Personen schweren Herzens Tribut gezollt – und einige Artikel entsprechend großzügig ergänzt. Hier aber die wichtigsten Punkte, die es zu beachten gilt:

Artikel 1: Grundsätzliches

§ 1

Der Wohnungsbesitzer kann jederzeit eine Krisensitzung einfordern.

§ 2

Um sich auf eine möglicherweise bevorstehende Apokalypse effektiv vorbereiten zu können, findet einmal pro Quartal eine Notfallverhaltensübung statt.

Absatz 1: Der Wohnungsinhaber wird die Übung nicht im Voraus ankündigen und die Fähigkeiten des Mitbewohners zur Bewältigung der Krise anhand folgender Kriterien beurteilen: Bereitschaft, Befolgen der Anweisungen, Verhalten.

Absatz 2: Sollte das Gesamtergebnis des Mitbewohners einer nach § 2, Abs. 1 abgehaltenen Übung eine schlechtere Bewertung als »befriedigend« ergeben, muss die Übung zwingend im selben Quartal wiederholt werden!

§ 3

Das Thermostat muss sich grundsätzlich und jederzeit auf 21,6 Grad Celsius befinden.

§ 4

Donnerstage sind reserviert für die Bestellung von Pizza bei Giacomos (vgl. Art. 7).

§ 5

Freitage sind reserviert, um die Fernsehserie *Firefly* anzusehen.

Absatz 1: Sollte die Fernsehserie *Firefly* abgesetzt werden, sind Freitagabende reserviert, um die Fernsehserie *Firefly* auf Blu-ray anzusehen.

§ 6

Haustiere sind verboten.

Absatz 1: Nicht als Haustiere im Sinne von Art. 1, § 6 gelten genetisch manipulierte sogenannte Helfer-Tiere wie kybernetisch verbesserte Affen.

§ 7

Nach 22 Uhr darf in der Wohnung des Wohnungsinhabers kein ungebührlicher Lärm mehr veranstaltet werden.

Absatz 1: Als ungebührlicher Lärm im Sinne von Art. 1, § 7 gelten insbesondere Blasmusik, lautes Gelächter, das Anstoßen mit Gläsern oder glasähnlichen Gegenständen sowie Freudenschüsse.

Absatz 2: Als ungebührlicher Lärm im Sinne von Art. 1, § 7 gilt darüber hinaus die Musik sogenannter BARBERSHOP-Quartette.

Artikel 2: Äußere Erkennungsmerkmale

§ 1

Die Wohnung besitzt eine eigene Flagge, die niemals falsch herum aufgehängt werden darf (vgl. § 3).

§ 2

Das Motiv der Flagge ist ein aufgerichteter goldener Löwe auf himmelblauem Hintergrund.

§ 3

Im Falle einer drohenden Gefahr muss die Flagge falsch herum aufgehängt werden.

Artikel 3: Weibliche Personen, Beischlaf

§ 1

Die Mitbewohner benachrichtigen sich mindestens zwölf Stunden im Voraus über einen anstehenden Koitus mit einer weiblichen Person.

§ 2

Die weibliche Person gemäß § 1 zählt als Freundin des Mitbewohners und lebt mit diesem zusammen, wenn sie mindestens eine der in den nachfolgenden Absätzen genannten Voraussetzungen erfüllt:

Absatz 1: wenn sie in zehn aufeinander folgenden Nächten oder
Absatz 2: wenn sie in mehr als neun Nächten innerhalb von drei Wochen oder
Absatz 3: wenn sie an allen Wochenenden eines Monats zuzüglich dreier Wochentage

Zeit in der Wohnung verbringt. In diesem Fall greift Art. 3, §§ 1–4 dauerhaft (sog. Beiwohnungsklausel).

§ 3

Im Falle eines Eintretens von Art. 3, § 2 werden die vorhandenen drei Ebenen des Kühlschranks, welche sich in eine Ebene für den Wohnungsinhaber, eine Ebene für den Mitbewohner und eine Gemeinschaftsebene aufteilen, umgehend in drei einzelne Ebenen umdeklariert. Die bisherige Gemeinschaftsebene wird zugunsten der weiblichen Person aufgelöst und die Kühlschranktüre übernimmt die Funktion der Gemeinschaftsebene.

§ 4

Im Falle eines Eintretens von Art. 3, § 2 wird das Apartment in der Folgewoche dreimal gründlich gestaubsaugt, um alle abgestorbenen Hautzellen, die während des Beischlafaktes entstanden sind, zu beseitigen.

§ 5

Für den Fall, dass die weibliche Person beabsichtigt, das Badezimmer zu benutzen, muss der Badezimmerbenutzungsplan unbedingt im Voraus entsprechend modifiziert werden.

§ 6

Im Fall eines Eintretens von Art. 3, § 2 unterzeichnet die Freundin des Mitbewohners eine Zusatzvereinbarung, in der sie zusichert, vom Gebrauch von Blasinstrumenten oder der Absicht des Gebrauchs von Blasinstrumenten Abstand zu nehmen.

Artikel 4: Gegenseitigkeitsklauseln

§ 1

Sollte der Wohnungsinhaber oder der Mitbewohner zu einem Besuch des großen HADRONENBESCHLEUNIGERS am CERN eingeladen werden, muss er den jeweils anderen bitten, ihn zu begleiten.

§ 2

Sollte der Wohnungsinhaber jemals von Bill Gates in dessen Haus eingeladen werden, ist er verpflichtet, den Mitbewohner mitzubringen und mit diesem dort schwimmen zu gehen.

§ 3

Sollte eine vom Wohnungsinhaber erschaffene künstliche Intelligenz dabei sein, sich die Erde untertan zu machen, muss der Mitbewohner helfen, diese Existenz umgehend zu zerstören (sog. Skynet-Klausel).

§ 4

Der Mitbewohner muss dabei helfen, eine Person auszulöschen, die nachweislich durch ein Alien ausgetauscht wurde (sog. Körperfresser-Klausel).

§ 5

Der Mitbewohner muss dabei helfen, jemanden aufzuhalten, der dabei ist, Tokio zu zerstören (sog. Godzilla-Klausel).

§ 6

Sollte der Mitbewohner oder der Wohnungsbesitzer zu einem Roboter werden, so ist der jeweils andere verpflichtet, ihm stets zu helfen.

Absatz 1: Sollte der Wohnungsinhaber zu einem Zombie werden, darf der Mitbewohner diesen trotzdem nicht töten.

§ 7

Sollte der Wohnungsinhaber aus irgendeinem Grund plötzlich Superkräfte erlangen, so ist er verpflichtet, den Mitbewohner als seinen Helfer zu benennen (sog. Batman-und-Robin-Klausel).

§ 8

Sollte der Wohnungsinhaber oder der Mitbewohner eine funktionsfähige Zeitmaschine erfinden, so ist die erste Reise exakt zu dem Zeitpunkt zu unternehmen, welcher fünf Sekunden nach dem Unterschreiben dieser Vereinbarung liegt.

Artikel 5: Badezimmer

§ 1

Alle Bewohner haben das grundsätzliche Recht, das Bad in einem Notfall zu betreten – auch wenn es nicht den entsprechend vereinbarten Uhrzeiten entspricht.

§ 2

Die Hauptbadezimmerbenutzungszeit des Wohnungsbesitzers ist 7 Uhr bis 7.20 Uhr. Sollte der Mitbewohner aus dringlichen Gründen vor dem Wohnungsbesitzer duschen, so muss er alle erforderlichen Maßnahmen ergreifen, dass danach noch genug Warmwasser vorhanden ist.

§ 3

Das Recht auf Badezimmer-Privatsphäre wird im Falle höherer Gewalt ausgesetzt.

Artikel 6: Fahrdienstleistungen

§ 1

Der Mitbewohner ist verpflichtet, den Wohnungsbesitzer zur Arbeit zu fahren.

§ 2

Der Mitbewohner ist verpflichtet, den Wohnungsbesitzer zum Zahnarzt zu fahren.

§ 3

Der Mitbewohner ist verpflichtet, den Wohnungsbesitzer vom Zahnarzt abzuholen, wenn der Wohnungsbesitzer unter Narkose steht.

§4

Diese Regelung gilt adäquat auch für alle anderen Fahrten, welche der Wohnungsbesitzer unternehmen muss und dazu nicht selbstständig in der Lage ist.

Absatz 1: Die genaue Definition des Terminus »nicht selbstständig in der Lage« im Sinne von Art. 6, § 4 obliegt dem Wohnungsinhaber.

Artikel 7: Speisen

§1

Die Speisenfolge richtet sich nach dem vom Wohnungsinhaber aufgestellten Speiseplan.

Absatz 1: Am Donnerstag des im Sinne von § 1 genannten Speiseplans muss die Pizza von Giacomos bestellt werden.

Absatz 2: Im Falle einer Schließung von Giacomos muss die Pizza bei Franconis bestellt werden.

Absatz 3: Im Falle des Eintretens von Art. 7, § 4, Abs. 3, muss weiterhin von Giacomos Pizza gesprochen werden.

§2

Sollten sich der Wohnungsinhaber und der Mitbewohner entschließen, einen neuen Lieferservice auszuprobieren und diesen in den in § 1 genannten Speiseplan zu integrieren, müssen seit der Eröffnung des Lieferservice mindestens 60 Tage vergangen und über 95 Prozent der Online-Bewertungen positiv sein.

Artikel 8: Anstand und Benehmen

§ 1

Man muss mindestens einmal am Tag dem anderen »Hallo« sagen sowie »Wie geht es dir?« fragen.

§ 2

Der Wohnungsinhaber und der Mitbewohner können von dem Recht Gebrauch machen, die Mitbewohnervereinbarung auf eine Vereinbarung zwischen Mitbewohnern zu reduzieren. In diesem Fall sind alle bislang aufgestellten Artikel, Paragrafen und Absätze, die sich auf die Freundschaft zwischen dem Wohnungsinhaber und dem Mitbewohner beziehen, hinfällig.

§ 3

Macht entweder der Wohnungsinhaber oder der Mitbewohner von Art. 8, § 2 Gebrauch, beschränken sich die gegenseitigen Pflichten auf die fristgerechte Bezahlung des Mietzinses, die fristgerechte Bezahlung der Nebenkosten sowie eine oberflächliche Begrüßung bei einer Begegnung des Wohnungsinhabers und des Mitbewohners als Zeichen, dass sich der Wohnungsinhaber und der Mitbewohner kennen.
Absatz 1: Die in Art. 8, § 3 genannte Begrüßungsformel lautet »Was geht ab?!«.
Absatz 2: Macht der Mitbewohner von Art. 8, § 2 Gebrauch und tritt anschließend davon zurück, erwirbt er damit das Anrecht auf einen Tag im Jahr, welcher ihm gewidmet ist. An diesem Tag darf

der Mitbewohner jedoch keinesfalls im Bett frühstücken, auf dem Platz des Wohnungsinhabers sitzen, das Thermostat verstellen oder sonstige Privilegien des Wohnungsinhabers beanspruchen. Der Mitbewohner hat vielmehr Anspruch auf eine Glückwunschkarte (sog. Leonardstag-Klausel).

Artikel 9: Schlussklausel

Diese Mitbewohnervereinbarung darf keinesfalls den Boden berühren.

So weit ein Auszug aus meinem kleinen Katalog der Konstitutionen, ohne die mit Sicherheit binnen weniger Stunden aus einem beschaulichen Zusammenleben ein zügelloses Chaos würde und aus einem gepflegten Dreizimmer-Apartment ein widerlicher Sündenpfuhl. Glaube mir, ich habe Ansätze dessen schon des Öfteren erlebt. Natürlich hat sich dieses Regelwerk im Laufe der Zeit auch weiterentwickelt. Denn selbst wenn ich die körperliche Komponente einer Beziehung keinesfalls nachvollziehen kann, lasse ich mir nicht nachsagen, dass ich anderen Menschen die Freude an der Unkontrollierbarkeit ihrer Triebe verderbe. Wenn Leonard und Penny sich unbedingt gegenseitig mit SUBZELLULÄREN ERREGERN beschenken wollen, dann sollen sie dies eben tun. Solange sie hinterher die Bettwäsche umgehend in die Kochwäsche geben, das Schlafzimmer entkeimen und die Türklinken desinfizieren, soll mir das recht sein.

Möglicherweise kann jedoch in absoluten Ausnahmesituationen sogar eine Problemstellung auftauchen, die von einer noch so umfassenden Mitbewohnervereinbarung nicht gedeckt ist. In Bezug auf meine Person fällt mir gerade zwar kein passendes Beispiel für diese kühne These ein, aber nehmen wir zur Veranschaulichung meines Exempels doch einmal an, du befindest dich mit drei Freunden in einem Fernzug auf dem Weg nach San Francisco zu einem wissenschaftlichen Fachkongress und stellst nach etwa einer Stunde Fahrzeit fest, dass du einen USB-Stick vergessen hast, auf dem sich Daten befinden, die du auf dem Kongress unbedingt benötigst.

Siehst du – an solch einen Kasus hättest du nicht gedacht. Gut, dass ich dir auch für solche Extremfälle eine alternative Konzeption an die Hand gebe, nach der du dich dann richten kannst. Diese ist selbstredend so einfach wie möglich gehalten, damit du trotz der überdurchschnittlichen emotionalen Belastung, die eine solch ärgerliche Vergesslichkeit mit sich bringt, noch einen kühlen Kopf bewahren könnt. Mein **Notfallplan** lautet wie folgt:

Schritt 1:

Deponiere vorab einen Zweitschlüssel zu deiner Wohnung an einem geheimen und nur dir bekannten Ort.

Schritt 2:

Überlege dir eine Vertrauensperson, die in der Lage ist, deinen Anweisungen Folge zu leisten und die aller Wahrscheinlichkeit nach nicht bei dir ist, während du diesen Notfallplan abarbeitest.

Schritt 3:

Rufe die zu Hause verbliebene Vertrauensperson an, die keinesfalls ein beliebiger Nachbar oder gar ein Arbeitskollege sein darf.

Schritt 3A:

Wenn die von dir ausgewählte Vertrauensperson nicht zu Hause verblieben ist, musst du hier leider den Notfallplan abbrechen und zu Schritt 2 zurückgehen, um für das nächste Mal eine andere Vertrauensperson auszuwählen, die hoffentlich daheim bleibt.

Schritt 4:

Stelle sicher, dass die Vertrauensperson ungehinderten Zugang zu deinem vorab deponierten Zweitschlüssel erhält, ohne dass jemand anders den Vorgang mitbekommt.

Schritt 5:

Erteile der Vertrauensperson eine einmalige Bewilligung, den Raum aufzusuchen, in dem sich der vergessene Gegenstand befindet.

Schritt 5A:

Stelle unmissverständlich klar, dass diese einmalige Bewilligung des Zutritts ohne dich keinerlei Gewohnheitsrechte oder sonstige ständige Dienstbarkeiten nach sich zieht.

Schritt 6:

Mach klare und eindeutige Angaben zum Ort des vergessenen Gegenstandes, um unnötige Suchaktivitäten und eine dadurch entstehende Unordnung zu vermeiden. Sollte der USB-Stick also beispielsweise in einer kleinen Holzfurnierschachtel zwischen einer HOBERMAN-SPHÄRE und einer PYRIT-GESPRENKELTEN QUARZPROBE liegen, dann teile das der Vertrauensperson auch genau so mit.

Schritt 6A:

Sollte Schritt 6 nicht zum gewünschten Erfolg führen und die Vertrauensperson einen anderen als den vergessenen Gegenstand entdecken (wie etwa eine Box mit Geburtstags- und Weihnachtsbriefen von deiner Omi), dann – raste aus!

Schritt 7:

Wenn du dich wieder gesammelt hast, erkläre der Vertrauensperson in betont einfachen Worten, was diese mit dem vergessenen Gegenstand machen soll.

Schritt 8:

Wenn die Vertrauensperson nicht vollkommen schwachsinnig ist, müsste dies eigentlich funktioniert haben. Sollte sich die Vertrauensperson jedoch als vollkommen schwachsinnig erweisen, dann hast du schon bei Schritt 2 versagt – und es somit auch nicht verdient, dass dir in einer Notlage geholfen wird!

Nun müssten wir eigentlich alle Eventualitäten berücksichtigt und kategorisiert haben, die im Zuge des Zusammenlebens mit anderen Personen auftreten können. Natürlich steht es dir frei, einzelne Punkte in deiner eigenen Mitbewohnervereinbarung zu ergänzen oder auch wegzulassen, wenn du sie für unnötig erachtest – auch wenn ich dir von Letzterem nur dringlich abraten kann. Wir können nicht genau wissen, wann das nächste Mal ein Erdbeben der Stufe 8 und höher auf der Richterskala auftritt oder wann die Roboterforschung so weit ist, dass böswillige Konstrukteure einen Menschen in einen Humanoiden verwandeln können, wenn er ihnen blöd kommt!

LEKTION 8:

Ergib dich nicht den körperlichen Gelüsten

Kommen wir nun zu einem meiner Lieblingsthemen: dem Koitus. Nicht, dass wir uns falsch verstehen: Ich halte nicht nur die gesellschaftliche Relevanz dieses virologisch und mikrobiologisch betrachtet in höchstem Maße bedenklichen Vorgangs für vollkommen überbewertet. Ich betrachte in erster Linie den Akt an sich für absolut unnötig! Schließlich ist es heutzutage problemlos möglich, eine überaus hygienische und zudem auch weitaus Erfolg versprechendere Methode zur Fortpflanzung zu wählen, als im betrunkenen Zustand übereinander herzufallen und dabei sämtliche moralischen Maßstäbe über Bord – oder besser: aus dem Bett – zu werfen: Die grandiose Erfindung der In-vitro-Fertilisation ermöglicht eine zielgerichtete und wirksame Selektion der mobilen Spermien und gewährleistet so eine saubere und effektive Befruchtung. Nicht zuletzt die in diesem Fall vorgenommene vorherige Überprüfung der männlichen Spermatozoen in Bezug auf Dichte, Morphologie, Motilität und Infektionen dürfte einer Frau, die gerade unter einem keuchenden und schwitzenden Kerl liegt, fraglos nicht ohne Weiteres möglich sein. Das Komitee in Stockholm wusste schon, warum es *Sir* ROBERT EDWARDS im Jahr 2010 den Nobelpreis für Medizin verliehen hat!

Ungeachtet dessen wird jedoch trotz all meiner Mahnungen selbst in meinem engsten Umfeld ein enormer Aufwand betrieben, eine multiple Reaktion im LIMBISCHEN SYSTEM herbeizuführen, an deren unrühmlichem Ende dann in einigen wenigen Fällen die eben beschriebene befremdliche Aktivität stehen mag. Meistens jedoch beobachte ich bei Leonhard, Wolowitz und vor allem Raj einen erheblichen Frustrationsgrad einhergehend mit Symptomen einer vorübergehenden depressiven Störung, weil meine Freunde trotz aller vorheriger und in höchstem Maße unwürdiger Anstrengungen beim anderen Geschlecht auf ganzer Linie gescheitert sind.

Ich hingegen bevorzuge es, mir nicht nur derartige, offenbar sehr bedrückende Enttäuschungen zu ersparen (wie oft schon musste ich vor allem dem armen Leonard zur Seite stehen, weil dieser sich wieder einmal im Irrgarten seiner Gefühle verlaufen hatte, um in der blumigen Sprache der Emotionsduseligen zu bleiben). Ein angenehmer Nebeneffekt meiner Ansicht ist es zudem, mein Risiko, an einer der annähernd drei Dutzend bekannten Geschlechtskrankheiten wie Feig- und Viruswarzen, GONORRHOE oder sonstigem unappetitlichem Kram zu erkranken, bei exakt null Prozent anzusiedeln!

Die Negation physischer Vereinigung meinerseits bedeutet gleichwohl nicht, dass sich Frauen nicht für mich interessierten: Ich bin mir dessen wohl bewusst, dass meine groß gewachsene Erscheinung sowie mein brillanter Geist eine überaus große Anziehungskraft auf viele Vertreterinnen der Damenwelt besitzen. Ich erinnere an dieser Stelle nur an Ramona Nowitzki, die mir einst in meinen Vorträgen förmlich an den Lippen hing, meine Veröffentlichungen verschlang und mir über Wochen hinweg nicht mehr von der Seite wich, weil sie meine Ausführungen zur String-Theorie mehr schätzte als Howard Stringtangas.

Bazinga!

Natürlich bin ich nicht wirklichkeitsfremd: Ich weiß, dass es außerordentlich erregend sein kann, meinen gewagten und dennoch fundierten Hypothesen zu folgen! Dennoch fühlte ich mich nach einiger Zeit der bedingungslosen Bewunderung zu sehr in meinem Aktionsradius eingeschränkt, als dass ich dem Begehren dieser Person dauerhaft hätte nachgeben können. Auch ein großartiger Denker wie ich, der nahezu sein gesamtes Leben der Wissenschaft und damit der Allgemeinheit widmet, benötigt – wenn auch seltene – Momente der Zerstreuung, um den Geist wieder neu zu sortieren – und wenn es unser wöchentlicher *Halo*-Abend ist! Der Gipfel der Unverfrorenheit war dann noch, dass sich Ms Nowitzki ein Stück des süßen Kuchens gebacken aus den Früchten meines Ruhmes sichern wollte, als es mir gelang, einen ernsthaften Lösungsansatz zum INFORMATIONSPARADOXON bei Schwarzen Löchern aufzuzeigen. Aber nur, weil mir jemand mit einem Bimsstein die Hornhaut von den Füßen schrubbt, teile ich noch lange nicht die Meriten, die ich mir durch ehrlicher Gehirnzellen Arbeit verdient habe!

Ein weiteres schwerwiegendes Problem, das meinen jahrelangen Beobachtungen nach in, nennen wir es ruhig: Liebesbeziehungen auftaucht, ist die unterschiedliche Erwartungshaltung der jeweiligen Teilnehmer einer derartigen Verbindung. Wenn der eine dem anderen ein Präsent macht, basiert dies nämlich mitnichten auf einer gewissen Großzügigkeit, sondern auf dem Bewusstsein, dass sich der Beschenkte nun verpflichtet fühlt, das Präsent materiell zu übertreffen. Meinen statistischen Aufzeichnungen zufolge sind die Männer in aller Regel die Gelackmeierten! Ich will dir dies anhand eines simplen Beispiels veranschaulichen: Wenn Penny Leonard zum Geburtstag einen neuen Schlafanzug überreicht, bedeutet das im Umkehrschluss keinesfalls, dass er ihr wiederum zu ihrem Geburtstag ebenfalls einen Pyjama bescheren darf. Sollte er dies dennoch tun, wird sie zwar vorübergehend vortäuschen, das Geschenk akzeptabel zu finden. Danach wird sie aber über Wochen hinaus beleidigt sein und ihn aller Voraussicht nach zudem mit der Vorenthaltung körperlicher Zuwendung bestrafen. Die in weiblichen Augen einzig adäquate Gegenleistung für den lausigen Pyjama (oder ähnlich zweckmäßige Gegenstände) ist Schmuck, Schmuck und nochmals Schmuck!

Oder nehmen wir nur mal die Eifersucht: Diese anscheinend recht schmerzhafte Emotion vermag selbst in anderen Lebensbereichen vernünftig handelnde Menschen in ein teils monatelanges Elend zu stürzen – und dies nur, weil ein ehemaliger oder aktueller Partner mit einem Dritten Vertraulichkeiten austauscht. Hätte ich für jedes Mal, an dem ich Leonard schon in einem bemitleidenswerten defätistischen Zustand auf unserem Sofa herumliegen sah, nur weil in der Wohnung gegenüber ein fremder Mann gastierte, ein MARVEL-Heft bekommen, dann hätte sicherlich ich anstelle der Disney Company diesen heruntergekommenen Verlag übernehmen können! Doch du hast mich erwischt – auch ich bin vor derartigen Anwandlungen nicht vollends gefeit. Solche Momente bedauerlicher Schwäche treten bei mir allerdings nur in beruflichen Zusammenhängen auf – und nicht etwa in Liebesdingen! Aber sage mir bitte, wie du reagieren würdest, wenn eine Karikatur von einem PLASMA-PHYSIKER mit der Aussprache von DAFFY DUCK größere Büroräumlichkeiten zugesprochen bekommen würde als du?

Verdammter Barry Kripke!

Dieser aufdringliche und indiskrete Kerl hat mich sogar einmal im Besein von Amy gefragt, ob ich irgendwelche Spielzeuge in meinem Schlafzimmer aufbewahren würde. Meine wahrheitsgemäße Antwort, dass ich in diesem Raum lediglich den originalgetreuen und bemerkenswert gewaltigen Nachbau einer Rakete zu lagern pflege, hat ihn sehr verwirrt. Wiewohl ich ohnedies bemerke, dass sehr viele Menschen zu Irritationen und gar infantilem Verhalten neigen, wenn es um das Thema Sexualität geht: Wolowitz zum Beispiel bricht schon dann in hysterisches Gelächter aus, wenn Raj in einem Barbetrieb einen sogenannten Sex on the Beach bestellt, obwohl es sich bei diesem offenbar lediglich um ein aus Wodka und anderen Ethanolen sowie diversen Fruchtsäften bestehendes Getränk zu handeln scheint.

Apropos – dieses Stichwort kommt mir an dieser Stelle insofern gelegen, als dass ich dich am besten schon jetzt darauf hinweisen sollte, dass die Wirkung von Alkohol direkt proportional zu den Wallungen ist, welche durch diverse amouröse Konfusionen ausgelöst werden. Egal, ob du gerade ein temporäres Hochgefühl verspürst oder eine akute Trauerphase durchläufst: Wenn du in einem dieser Zustände zu einer Flüssigkeit mit der banalen Summenformel C2H6O greifst, dann kannst du davon ausgehen, dass diese hydrophile, intermolekuläre Wasserstoffbrückenbindung durchaus dazu in der Lage ist, deine peripheren Blutgefäße zu erweitern und somit die genannten Gefühle noch massiv zu verstärken! Die Folge dessen, was der Pöbel unter dem Wort »Rausch« versteht, sind erhöhte Emotionalität, veränderte Bewusstseinswahrnehmung und vor allem: verringerte geistige Leistungsfähigkeit.

Schon allein aus dem erschütternden letzten Grund konsumiere ich Alkohol nur äußerst selten. Meine Erfahrungen auf diesem Gebiet sind daher sehr fragmentarischer Natur, und das ist auch gut so. Schließlich ist der Gedächtnisverlust die kostenlose Beigabe auf dem Boden jeder Schnapsflasche – und wer könnte sich eine solche unverzeihliche Entgleisung weniger leisten als ich, in dessen Hirnwindungen sich noch zahlreiche potenziell wegweisende naturwissenschaftliche Entdeckungen verbergen. Zumindest kann ich mit Stolz behaupten, dass an den verschwindend wenigen Anlässen, an denen ich mit den Konsequenzen einer temporären Stimulation der GABA-REZEPTOREN zu kämpfen hatte (wie an jenem unseligen Abend, an dem ich mein Lampenfieber aufgrund einer wichtigen Preisverleihung mindern wollte), dennoch zu erstaunlichen Leistungen imstande war. Wie etwa der, die wesentlichen Bestandteile unseres Universums aufzusagen. Es besteht nämlich aus

Antimon, Arsen, Aluminium, Selen,
Wasserstoff, Sauerstoff, Stickstoff,
Rhenium, Nickel, Neodym, Neptunium,
Germanium, Eisen, Americium, Ruthenium,
Uranium, Europium, Zirconium, Lutetium,
Vanadium, Lanthan, Osmium, Astat und
Radium!

Falls du es nicht sofort bemerkt hast – das ist beinahe das komplette Periodensystem, zumindest einige wesentliche Bestandteile von diesem – von zu vernachlässigenden Elementen wie Boron, Terbium oder dem langweiligen Wolfram mal abgesehen. Aber nachdem es ja seit einiger Zeit keine Glühlampen mehr gibt, brauchen wir das Zeug auch nicht mehr wirklich.

Gar nicht übel, nicht wahr? Auch wenn ich die von mir ausgewählten Elemente aufgrund meines derangierten Zustandes leider nicht anhand ihrer steigenden Kernladung aufgezählt habe, muss mir das nach zwei Flaschen Rotwein erst mal jemand nachmachen! Zumal das Muster, das die von mir erwähnten Elemente auf dem Periodensystem ergeben, alles andere als ein Zufall war. Wenn du das wirklich geglaubt hast, dann kennst du deinen Sheldon immer noch schlecht: Es entsprach selbstverständlich exakt der Anordnung der Tische im Raum, an denen jene Anwesenden saßen, die über meine originellen Scherze aufrichtig lachten. Eine solche Reminiszenz an die Anwesenden ist aber wirklich nur mit einem EIDETISCHEN GEDÄCHTNIS möglich – also sei nicht traurig, falls es bei dir nicht funktioniert:

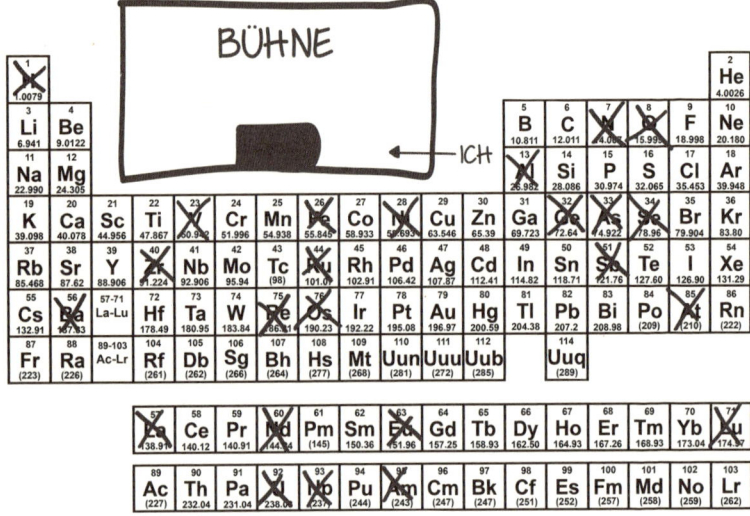

Erwähnenswert wäre zudem, dass ich meine aktuelle Blutalkohol-konzentration noch während meiner – für den einen oder anderen Zuhörer vielleicht tatsächlich etwas verstörenden – Rede selbst berechnete. Laut der WIDMARK-FORMEL betrug sie unter Berücksichtigung meines Körpergewichtes von derzeit 75 Kilo, der Aufnahme von 140 Gramm reinen Alkohols (der kalifornische Fusel hatte beachtliche 12,5 Volumenprozent!) sowie unter Berücksichtigung des üblichen männlichen Reduktionsfaktors exakt 2,74 Promille. Mein lieber Herr Gesangsverein! Dafür war ich nun wirklich nicht schlecht.

Mit einem weiteren Fauxpas dieser Art kann ich aber nicht dienen. Meine Bemerkungen auf Howards Junggesellenabschied waren trotz mehrerer Gläser schottischen Whiskys um Lichtjahre geistreicher als die Einlassungen der anderen Anwesenden wie Kripke oder Stuart. Selbst der Konsum eines Cocktails namens ROSEWATER RICKEY, den ich in einem ebenso ungewohnten wie kurzen Anflug von Melancholie zu mir nehmen wollte, weil mir der Name so gefiel und dessen witzige Zusammensetzung ich einer App entnahm, war mir nicht vergönnt: Penny war erwartungsgemäß nicht dazu in der Lage, die Zutaten fachgerecht zu vermengen, und servierte mir stattdessen einen ordinären Tequila, den ich selbstverständlich nicht ausgetrunken habe.

Doch was ich dir eigentlich in diesem Abschnitt anvertrauen wollte, ist, dass mir weder etwas an sexuellen Handlungen liegt noch an der Betäubung meiner Synapsen durch Alkohol und sonstige Rauschmittel. Die einzige Droge, der ich mich hingebe – und die ich dir auch auf das Vehementeste anraten kann –, ist nun einmal die Wissenschaft. Was kann schon berauschender sein als die Erweiterung deines Wissens durch die Forschung und seine Weitergabe durch die Lehre?

Aus diesem Grund schätze ich auch die Art von Zuneigung, wie sie mir von Amy Farrah Fowler entgegenschlägt: Weil es sich bei ihr gewissermaßen um die weibliche Version von Sheldon Cooper handelt, kann ich mir sicher sein, dass sie nicht auf allzu profane und unzüchtige Gedanken kommt. Wer könnte mich besser verstehen, mich aufrichtiger lieben und mich bedingungsloser bewundern als ich selbst? Doch allenfalls jemand, der mir so ähnlich ist wie Amy. Selbst wenn sie in manchen vorhin genannten Dingen manchmal eine etwas weniger strikte Disziplin an den Tag legt als ich und in dem einen oder anderen labilen Moment vergisst, dass wir keine körperliche Verschmelzung benötigen, weil wir beschlossen haben, unsere Vereinigung auf einer verstandesmäßigen Ebene zu vollziehen. Doch will ich nicht zu streng mit ihr sein – sie hatte es ja ebenfalls nicht gerade leicht in ihren jungen Jahren. Außerdem ist sie ein Mädchen. Und denen gefallen bekanntlich mancherlei komische Dinge.

Ein Meilenstein unserer Verbindung war denn auch unsere Beziehungsrahmenvereinbarung, die auf 31 Seiten die Umgangsformen von Amy und mir benennt, bekräftigt und kodifiziert – und deren Übernahme ich dir ebenfalls wärmstens empfehlen kann, solltest du dir einen Partner suchen. Nur wenn du unbedingt im Sumpf der emotionalen Enttäuschung versinken und dich wie all die anderen verlorenen Seelen den noch nicht ausreichend erforschten Korrelaten der biochemischen Reaktionen in deinem Körper hingeben willst, wirst du mit meinen Ratschlägen nichts anfangen können. Aber sag bitte hinterher nicht, ich hätte dich nicht gewarnt. Auch wenn manch einer hier andere Maßstäbe anzulegen pflegt, kann ich dir versichern, dass mein Verhältnis zu Amy extrem intim ist – auch ohne die sonst in solchen Relationen offenbar gängigen erotischen Intimitäten. Ich will nicht gefühlsduselig werden, aber ich fühle mich in ihrer Gegenwart wirklich wohl! Doch bevor wir uns nun allzu sehr im Affektiven verlieren, kommen wir nun zu den Musterparagrafen aus unserem Regelwerk, die ich für dich ausgesucht habe. Ach ja: Wie bei der Mitbewohnervereinbarung habe ich die Beziehungsrahmenvereinbarung für dieses Werk stark eingekürzt und die einzelnen Aspekte so zusammengesetzt, dass es dir ein Leichtes sein dürfte, sie zu adaptieren.

Artikel 1: Gegenstand des Vertrages

Gegenstand dieser Vereinbarung sind die Rechte und Pflichten von Sheldon Lee Cooper, im Folgenden »Freund« genannt, und Amy Farrah Fowler, im Folgenden »Freundin« genannt.

Artikel 2: Sexuelle Erregung

Verspürt die Freundin eine vermeintliche sexuelle Erregung, führt der Freund zunächst einen Test durch, um eventuelle andere Gründe für dieses Gefühl auszuschließen. Das Testdiagramm für die Differentialdiagnose gestaltet sich wie folgt:

Symptom	Ursache
Fieberanfälle	Schilddrüsenüberfunktion
Erhöhte Herzfrequenz	Unnatürlicher Cortisolwert
Feuchte Handflächen	Vorzeitige Menopause
Trockener Mund	Außerirdischer Parasit
Vaskuläres Pochen an Ohren & Genitalien	Sexuelle Erregung

Sollte die Freundin drei oder mehr der unter »Symptome« genannten Merkmale verspüren, überprüft der Freund zur Auswertung des Gefühls die potenziellen Ursachen nach absteigender Wahrscheinlichkeit. Erst wenn sich die vier erstgenannten Ursachen diagnostisch negieren lassen, kann von einer tatsächlichen sexuellen Erregung der Freundin ausgegangen werden.

Artikel 3: Koitus

Liegt eine sexuelle Erregung gemäß Art. 2 vor und lehnt die Freundin eine medizinisch beaufsichtigte Sterilisation ab, ist zunächst die Möglichkeit zu eruieren, ob der Koitus unter Zuhilfenahme einer dritten Person durchgeführt werden kann. Lehnt die Freundin beziehungsweise die dritte Person auch diese Option ab, so kann die Herbeiführung des Koitus unter Einbeziehung der Interessen beider Vertragsparteien geprüft werden – er ist also theoretisch möglich. Die Alternative des Kuschelns ist jedoch einer solchen Sachverhaltsprüfung in jedem Falle vorzuziehen.

Artikel 4: Wehwehchen und Auas

Hat eine der beiden Vertragsparteien eine Verletzung erlitten, muss sich die jeweils andere Vertragspartei umgehend darum kümmern, unabhängig von etwaigen sonstigen aktuellen Verpflichtungen. Als Verletzung im Sinne von Art. 4 gelten alle Arten von Wunden, die durch äußere Einwirkung entstehen, insbesondere:

a) Holzspreißel im Finger
b) eingerissene Nägel
c) Verstauchungen, Beulen und Kratzer

Artikel 5: Händchen halten

Händchen halten ist nur unter folgenden Umständen erlaubt:

a) eine der beiden Vertragsparteien läuft Gefahr, von einem Berg, einer Klippe oder einem ähnlich erhöhten Objekt abzustürzen
b) eine der beiden Vertragsparteien gewinnt den Nobelpreis
c) zum moralischen Beistand während eines Arztbesuches, insbesondere bei einer Impfung

Diese Grundregelungen sollten dir den Umgang mit dem anderen Geschlecht erheblich erleichtern. Solltest du dennoch schwach werden und dem Drängen des Partners nach übertriebener Zuneigung nachgeben, so tröstet dich vielleicht folgende Weisheit, die mir meine Omi mit auf den Weg gegeben hat:

Beinahe 50 Prozent aller Ehen werden wieder geschieden. Aber nahezu 100 Prozent aller Eisbecher machen glücklich!

LEKTION 9:

Gehe nur Interessen nach, die dich weiterbringen

Obschon ich der Wissenschaft gerne täglich sämtliche 24 Stunden meiner verfügbaren Zeit widmen würde, bin ich mir bewusst, dass die Natur diesem hehren Vorsatz auch bei mir Grenzen gesetzt hat. Wie jedes Lebewesen muss ich mich zu meinem größten Bedauern der Erdrotation unterwerfen, welche nun mal den Rhythmus des Seins in Tag und Nacht und somit in Aktivitäts- und Ruhephasen unterteilt hat. Zwar habe ich schon des Öfteren versucht, mich dieser biologischen Willkür zu widersetzen, indem ich einfach wach geblieben bin. Doch so sehr ich mich auch dagegenstemmte (und so viel Kräutertee ich auch zur Stimulation meines zentralen Nervensystems zu mir nahm): Jedes Mal nach exakt 60 Stunden war dieses Experiment beendet, und ich fiel in den gleichsam unerfreulichen wie anabolischen Zustand eines tiefen Schlafes.

Nicht einmal tagsüber ist mir die vollständige Hingabe an die Freuden der theoretischen Physik vergönnt, weil meine Freunde regelmäßig mit Vehemenz ihren Anteil an meinem zeitlichen Verfügungsrahmen einzufordern pflegen und mit mir Dinge unternehmen wollen, die man gemeinhin Hobbys nennt. Glücklicherweise ist es mir unauffällig gelungen, die Stoßrichtung dieser Aktivitäten weitestgehend dahingehend zu beeinflussen, dass wir uns in unserer sogenannten Freizeit (was für ein unschönes Wort!) ebenfalls vor allem mit Themen beschäftigen, die für die Weiterentwicklung unseres Geistes von Nutzen sind. Ich kann dich nur ermahnen, die folgenden Hinweise ernst zu nehmen: Wenn du dich schon nicht uneingeschränkt mit der Sammlung verwandter hypothetischer Modelle oder mit fundamentalen Objekten mit eindimensionaler räumlicher Ausdehnung befassen kannst, dann mach wenigstens wie ich das Beste draus!

1. Star Trek

Muss ich manchen von euch wirklich noch die Bedeutung von *Star Trek* für das Universum im Allgemeinen und für unser nichtiges Dasein im Besonderen näherbringen? Das wäre ja in etwa so, als müsste ich erklären, warum auf der Erde ohne Sauerstoff kein Leben möglich ist. Aber bitte – für diejenigen Ignoranten unter euch, für die die Föderation unverständlicherweise keine Leitlinie des eigenen Handelns darstellt, ein widerwilliger kurzer Abriss.

Zunächst einmal ist es eminent wichtig, gleich zu Beginn klarzustellen, dass *Star Trek* nicht gleich *Star Trek* ist! Die ersten vier Fernsehserien – *Raumschiff Enterprise*, *Raumschiff Enterprise: Das nächste Jahrhundert*, *Star Trek: Deep Space Nine* sowie *Star Trek: Raumschiff Voyager* – sind allesamt großartig bis zumindest herausragend. Wobei *Raumschiff Enterprise* insgesamt als besser einzustufen ist als *Raumschiff Enterprise: Das nächste Jahrhundert* – jedoch verbunden mit der Einschränkung, dass CAPTAIN PICARD aus *Star Trek: Das nächste Jahrhundert* Captain Kirk aus *Raumschiff Enterprise* in Sachen Führungsqualität und technischem Verständnis ein Stück weit überlegen ist. Unstrittig ist zudem (ich hatte das vorhin bereits angedeutet) dass die fünfte Serie, *Star Trek: Enterprise*, eine einzige Beleidigung der Zuschauer darstellt! Alleine die Tatsache, dass Mister Spock in diesem Machwerk eine Tarntechnologie benutzt, welche zum Zeitpunkt der Serie noch gar nicht erfunden sein kann, ist eine eklatante Verletzung des Kanons, angesichts deren es nicht weiter verwundert, dass der Sender, der diesen Unsinn ausgestrahlt hat, inzwischen nicht mehr existiert.

Das geschieht euch recht, UPN!

Auch bei den Kinofilmen gibt es eklatante Unterschiede: *Star Trek – der Film* von 2009 ist der mit lichtjährigem Abstand schlechteste, während *Star Trek: Zurück in die Gegenwart* von 1986 ohne jeden Zweifel als Meilenstein der Reihe angesehen werden kann. Für mich ist es unbegreiflich, dass beide Filme gleichermaßen von der Academy für jeweils vier Oscars nominiert wurden. J. J. ABRAMS hätte nicht einmal die Goldene Himbeere für seinen unlogischen Astronautenquatsch verdient gehabt! Dass Raj in diesem Punkt fundamental anderer Meinung ist, untermauert angesichts seiner erschütternden Vorliebe für SLUMDOG MILLIONÄR die Richtigkeit meiner Behauptung nur.

Das Besondere an *Star Trek* ist – vereinfacht gesprochen – zum einen die Darstellung visionärer Technologien wie des WARP-ANTRIEBS oder der TELEPORTATION, zu deren endgültiger physikalischer Verwirklichung ich hoffentlich irgendwann beizutragen vermag. Und zum anderen, dass für jeden noch so unterschiedlichen realen Charakter ein Pendant im Sternenflotten-Universum existiert – oder auch umgekehrt, welche Sichtweise auch immer dir lieber ist. Das hat sich der geniale GENE RODDENBERRY damals wirklich fein ausgedacht, gerade wegen der komplexen gesellschaftlichen Zusammenhänge, die sich aus der Koinzidenz der verschiedenen Kulturen und Wesensarten ergeben.

Da ist zunächst einmal der überaus bedachte und außerordentlich kluge Mister Spock, der als halb-vulkanischer Erster Wissenschaftlicher Offizier die Aufgabe besitzt, das menschliche Verhalten stets im Hinblick auf kausale Zusammenhänge zu hinterfragen. Wann immer Spock jedoch selbst befürchtet, vom natürlichen Pfad der Logik abzuweichen, weil die Gefühle in seiner menschlichen Hälfte plötzlich aufbegehren, unterdrückt er diese mithilfe der vulkanischen Methantechnik – eine beneidenswerte Befähigung, deren ich mich nur zu gerne bemächtigen würde.

Dann gibt es den wankelmütigen Kirk, der allzu gerne dem weiblichen Geschlecht nachstellt und sich darüber hinaus regelmäßig den Obrigkeiten widersetzt, was ihm schlussendlich auch den schönen Titel des Admirals kostet. Oder den technisch einigermaßen bewandten Ingenieur Scotty, der keinerlei Probleme damit hat, sich unterzuordnen, wenn es denn sein muss (was es oft muss!). Und schließlich den gefühlsbetonten und gewissenhaften Arzt McCoy, der sich bis zuletzt nicht mit der großartigen Erfindung des Beamens anfreunden konnte und der die medizinische Entwicklung unserer gegenwärtigen Zeit völlig zu Recht für finsterstes Mittelalter hält!

Du hast sicher bemerkt, wie umfänglich sich diese Rollenverteilung auch auf unsere kleine Gruppe anwenden lässt: Ich bin, wie du dir sicherlich schon denken kannst, selbstverständlich Spock – es fühlt sich beinahe an, als hätte der gute RODDENBERRY diese Figur nach einem gemeinsamen Abend mit mir überhaupt erst erfunden! Leonard ist Captain Kirk, Wolowitz ist Scotty, und, nun ja: Koothrappali ist eben derjenige, der jedes Mal auf tragische Weise ums Leben kommt. Nur mit der Besetzung von McCoy hatten und haben wir so unsere Schwierigkeiten. Schade, dass das zwischenzeitliche Techtelmechtel zwischen Leonard und Dr. Stephanie Barnett nicht dauerhaft funktionierte, denn als passable chirurgische Assistenzärztin wäre sie für diese Rolle wirklich ideal gewesen. Ich bezweifle doch sehr, dass Penny der Aufgabe als Erster Medizinischer Offizier auf unserer Enterprise tatsächlich gewachsen ist, obwohl sie durchaus Erfahrung mit der Pille haben dürfte.

Bazinga!

Um dich in diese so faszinierende wie komplizierte Welt tiefer einzuarbeiten, halte ich es für unumgänglich, dass du zumindest die Grundlagen der klingonischen Sprache erlernst! Wie willst du sonst jemals mit uns BOGGLE spielen? Weil diese Sprache immerhin 90 Vor- und Nachsilben und knapp 2000 Wortstämme enthält, darunter 60 Eigennamen, 25 Planeten- und 40 Tiernamen sowie 42 Speise- und Länderbezeichnungen, führt ein entsprechend ausführlicher Kursus an dieser Stelle sicherlich zu weit. Mit dem minimalen Grundwortschatz, den ich dir nun aufzeige, kannst du dich aber wenigstens so weit verständigen, dass du während eines zweitägigen *Star-Trek*-Marathons in der Lage bist, dich mit genügend Nahrung zu versorgen und nicht inkontinieren musst:

Deutsch	Klingonisch
Ist dieser Platz noch frei?	quSDaQ ba'lua'
Ja!	HISlaH
Nein!	ghobe'
Ich bin hungrig!	jIHGhung
Ich bin durstig!	jIH'oj
Wo ist die Toilette?	nuqDaq'oH puchpa'e'

Wir haben noch einiges anderes zu besprechen, deshalb muss dies vorerst genügen. Ich kann ich dich nur bitten, ein geeignetes Wörterbuch zu erwerben und dieses dann bis zu unserer nächsten Begegnung gründlich durchzuarbeiten. Ich darf doch davon ausgehen, dass dies ohne eine weitere Aufforderung meinerseits erfolgen wird?

Auch bei Phänomenen, die dir immer wieder im Alltag begegnen und die du unter Umständen nicht auf Anhieb klären oder erklären kannst, ist die höhere Macht des Universums im Übrigen als Hilfe geeigneter als so manche ohnehin nicht existente Gottheit. Nehmen wir nur einmal die einfache Entscheidungsfindung zwischen mehreren Personen mit unterschiedlicher Meinung: Früher haben wir zur Konfliktlösung in solchen Fällen gerne das weitverbreitete, recht kindliche Knobelspiel »Schere, Stein, Papier«

eingesetzt. Leider jedoch führte dies aufgrund der begrenzten möglichen Resultate sowie der Tatsache, dass wir uns untereinander durchaus gut kennen, mit 75-prozentiger Wahrscheinlichkeit zu einem unentschiedenen Ausgang, was die Lösung unseres Dissenses nicht gerade erleichtert hat.

Zum Glück gelang es dem bekannten Blogger SAM KASS, eine erweiterte Version namens »Stein, Papier, Schere, Echse, Spock« zu entwickeln, anhand der sich die ärgerliche Wahrscheinlichkeit eines Patts aufgrund der beiden Zusatzkomponenten drastisch reduzieren ließ. Zumindest, wenn sich verdammt noch mal nicht alle Teilnehmer gleichzeitig für die Variante »Spock« entscheiden, nur weil diese mit dem repräsentativen Vulkanischen Gruß angezeigt wird. Ich bemängele dies jedes Mal, vor allem bei Wolowitz und Koothrappali! Dennoch will ich dir diesen Meilenstein, den zu entwerfen Kass ohne fundierte *Star-Trek*-Kenntnisse nicht möglich gewesen wäre, gerne anhand eines kleinen Schaubildes erläutern, welches ich eigens zu diesem Zwecke angefertigt habe:

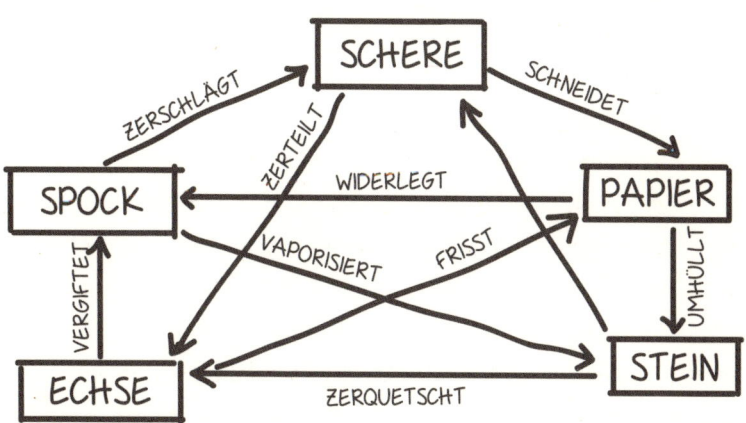

Die nötige Disziplin deiner Mitspieler vorausgesetzt, kommst du damit eigentlich in allen Streitfällen zu einem salomonischen Verdikt. Du merkst hoffentlich, wie tief *Star Trek* in unseren Alltag hineinreicht – also mach dir dieses Wissen zunutze, wo immer du kannst!

2. Paintball

Auch mir als vorwiegend geistig engagiertem Wissenschaftler ist natürlich die physische Ertüchtigung nicht fremd. Allerdings achte ich penibel darauf, dass sich meine Tatkraft nicht vollkommen sinnlos entlädt. Auch wenn die Konventionen in unserer Gesellschaft es offenbar erfordern, sich für stupide Sportarten wie Bowling oder Tennis zu interessieren, ist mir nicht ansatzweise klar, worin die tiefere Bedeutung einer Unternehmung liegen soll, deren vorwiegende Handlung darin besteht, mit roher Gewalt einem mal kleineren, mal größeren runden Spielgerät zu Leibe zu rücken. Eine derart eintönige Beschäftigung kann auf Dauer neurobiologisch gesehen sogar zu einer Rückbildung kreativer Hirnbereiche führen.

Anstatt also beispielsweise mit einem nudelsiebartigen Gegenstand auf eine hilflose Filzkugel einzudreschen, schlage ich vor, sich eines Treibens zu befähigen, dessen Aufbau einen nicht unerheblichen Beitrag zum strategischen Denken sowie zur Verfestigung der Struktur einer Gruppe leisten kann: dem Paintball-Spiel. Hierin geht es nicht um ein banales Kräftemessen zwischen verschiedenen kraftstrotzenden und von Testosteron überschwemmten Teilnehmern, sondern vielmehr um die Verknüpfung hochkomplexer Zusammenhänge, die denen einer anspruchsvollen Auseinandersetzung auf dem Schlachtfeld nicht unähnlich sind. Wie auf dem Felde auch geht es bei Paintball darum, den gemeinsamen Erfolg dadurch zu gewährleisten, dass die Schwächen eines Individuums durch die Durchschlagkraft einer Gruppe und natürlich die Führungskompetenz eines Befehlshabers kompensiert werden. Läuft alles so wie vorher akribisch geplant, kannst du am Ende des Tages deinem Gegner, wie man so sagt, kräftig in den Allerwertesten treten!

Dies setzt selbstverständlich voraus, auch tatsächlich einen Spieler in seinen Reihen zu haben, der unangefochten an der Spitze der Hierarchie innerhalb der eigenen Gruppe steht – und von dieser auch als Anführer anerkannt wird. Ich gehe mal davon aus, dass du bei deinen Mitstreitern ebenso geachtet bist wie ich bei meinen, sodass von den Kämpfern eine reibungs- und lückenlose Befehlskette befolgt werden kann. Ach ja: Bitte achte bei der Vergabe der Dienstgrade darauf, dass einerseits der Abstand zwischen dir und dem Fußvolk nicht allzu groß ist, damit die vorhandenen Unterschiede nicht zu einer Demoralisierung der Truppe führen; du dich andererseits aber auch nicht allzu sehr gemein machst mit deiner Gefolgschaft. Als ideal haben sich folgende Dienstgradabstände bewährt:

Euer Dienstgrad	Dienstgrad eurer Truppe
Commander	Brigadier
General	Colonel
Major	Captain
Colonel	Lieutenant
Captain	Sergeant

Wenn du Bescheidenheit demonstrieren und trotzdem Anmut und Würde ausstrahlen willst, wähle am besten den Rang eines Captain – niemand könnte wohl jemals behaupten, Kirk oder Picard hätten keine Autorität besessen, selbst wenn sie es im Grunde genommen nur bis zum Hauptmann gebracht haben!

Während des Wettkampfs ist es obligatorisch, dass deine Anweisungen absolut widerspruchslos befolgt werden. Ich setze zudem voraus, dass du dich vorab um alle Eventualitäten gekümmert, die Umgebung in Augenschein genommen und deine Gegner akribisch studiert hast. Normalerweise müsstest du nach der Lektüre des vorliegenden Werkes deine Führungsqualitäten derart optimiert haben, dass einem Erfolg im Kampfe nichts mehr im Weg steht – selbst wenn du das eine oder andere schwache Glied mit durch das Gefecht ziehen musst. Und wer beim Paintball reüssiert, den kann auch im wahren Leben nichts mehr aufhalten. Außer vielleicht Streptokokken, STAPHYLOKOKKEN oder Legionellen.

3. Comics

Meine Vorliebe für Comics entspringt natürlich nicht einer Verweigerung der klassischen Literatur. Selbstverständlich sind mir alle relevanten modernen wie klassischen Werke geläufig, gleich ob Poesie, Belletristik oder Fachbuch. Vielmehr sehe ich in den gezeichneten Darstellungen der von mir bevorzugten Protagonisten die Fortführung einer antiken Hochkultur – schließlich wurden schon im Grabmal des ägyptischen Schreibers Menna aufwendige

Malereien entdeckt, die Aufschluss über die Art und Weise der Getreideverarbeitung vor 3500 Jahren gaben.

Die heutigen Comichefte meiner Wahl sind überdies allesamt in einem metaphorischen Zusammenhang zu sehen, der sich nicht aus dem reinen Konsum der darin enthaltenen Geschichten erschöpft, sondern weit über die tatsächlichen Handlungen hinausgeht. Ich will dir dies anhand meiner Lieblingshelden erklären, welche ich, um Ungerechtigkeiten zu vermeiden, in alphabetischer Reihenfolge aufgelistet habe:

Batman

Die Figur des Batman imponiert mir vor allem, weil Bruce Wayne, dessen Name übrigens zum einen auf den schottischen Freiheitskämpfer ROBERT THE BRUCE und zum anderen auf den amerikanischen Nationalhelden ANTHONY WAYNE zurückgeht, das beachtliche Vermögen seiner ermordeten Eltern dazu benutzt, sich umfassend mathematisch, physikalisch, chemisch, technisch und kriminologisch weiterzubilden, um im späteren Kampf gegen das Böse gut vorbereitet zu sein. Ich erkenne mich ein Stück in dieser tragischen und klugen Figur wieder: Hätte ein Räuber meine Eltern (und praktischerweise gleich auch meine Geschwister) in einer dunklen Gasse in GALVESTON/Texas erschossen, hätte ich es dem tapferen Bruce gleichgetan.

Green Lantern

Das Besondere an Green Lantern ist, dass er seine besondere Befähigung, alles mit der Ausnahme von Holz materialisieren zu können, von einer hoch entwickelten, außerirdischen Lebensform erhalten hat. Diese Biografie erscheint mir deutlich plausibler als der Werdegang von so manchem anderen Superhelden, der aus einer schnöden Mutation heraus entstanden ist – mit Ausnahme von Spiderman natürlich, der aufgrund des Bisses einer radioaktiv verseuchten Spinne zu dem wurde, was er ist. Derartige Übergriffe verseuchter Kieferklauenträger sollte man aber niemals ausschließen, weshalb ich mich von Gliederfüßern aller Art auch tunlichst fernhalte!

The Flash

Ohne Zweifel einer meiner liebsten Gefährten und neben dem vorgenannten Green Lantern das zweite Gründungsmitglied der GERECHTIGKEITSLIGA, zu der ich mich ebenfalls zählen darf. Durch ein Versehen beim Experimentieren mit dem Isotop Deuterium kam der schusselige Flash mit schweren Wasserstoffatomen in Berührung – mit der so fatalen wie freudigen Folge, dass er sich plötzlich mit übermenschlicher Geschwindigkeit fortbewegen konnte. Was würde ich doch darum geben, dass mir ein ähnliches Missgeschick passierte, das es mir ermöglicht, mich binnen eines Wimpernschlages von Pasadena auf die COMICON in San Diego zu begeben, ohne zwei Stunden lang penibel darauf achten zu müssen, dass Leonard die Verkehrsregeln auf dem Highway einhält.

Die zeitlosen und prägnanten Erkennungszeichen all dieser Helden und noch die einiger weiterer Exemplare zieren zudem meine bevorzugte Tagwäsche. Durch diese Angewohnheit schlage ich zwei Fliegen mit einer Klappe: Erstens muss ich mir keinerlei Gedanken machen, welche Kleidungsstücke zusammenpassen, da ein rotes T-Shirt mit einem gelben Flash-Muster zum Beispiel wirklich zu jeder erdenklichen Hose passt. Und zweitens kann ich so immer mal wieder dem armen Stuart etwas Gutes tun.

4. Videospiele

Die Begrifflichkeit ärgert mich ein wenig, denn leider gibt es weder in meiner noch in deiner Sprache einen würdigen Begriff für die Art der Beschäftigung, der ich mich zur Zerstreuung widme. Die Bezeichnung »Spiel« jedoch, so wie sie vielleicht für geistlose Eseleien wie *Doodle Jump* oder *Angry Birds* zutrifft, ist für *World of Warcraft* oder *Halo* sicherlich zu kurz gegriffen. Aber sei's drum: Du verstehst, was ich damit meine, und denkst dir einfach den Rest …

World of Warcraft

Ehrlich gesagt ist mir die Freude an diesem an sich großartigen Massen-Mehrspieler-Online-Abenteuer deutlich vergällt worden, seit ein unsagbar skrupelloser Schurke meinen Zugang gehackt und den mächtigen SHELDOR seiner kompletten Habe beraubt hat, darunter alles Gold, die verzauberten Waffen und sogar den kostbaren Zauberstab der unverwundbaren Macht! Zu allem Überfluss konnte ich mich des Eindrucks nicht erwehren, dass das FBI diesem schwerwiegenden Delikt nicht mit der nötigen Ernsthaftigkeit nachging – trotz der 3000 mühsamen Stunden, die ich in AZEROTH zubrachte, und der zahllosen todesmutigen Quests, die ich dabei zu bestehen hatte. Dennoch ist die komplexe Welt voller interessanter Charaktere wie Alchimisten, Kürschnern oder Zauberern immer mal wieder eine kleine, 14-stündige Reise wert.

Halo

Die lieb gewonnene Gewohnheit, immer mittwochs um Punkt 20 Uhr gemeinsam mit Leonard, Howard und Raj – aufgeteilt in furchtlose Zweierteams – gegen die vermeintlich übermächtige theokratische Allianz anzutreten, möchte ich nicht mehr missen. Schon des Öfteren habe ich erleben müssen, dass dieses epische Meisterwerk despektierlich als »Ballerspiel« abqualifiziert wurde, doch diese Nörgler und Zeterer haben leider nicht ansatzweise verstanden, welch verantwortungsvolle Aufgabe es ist, sich DR. HALSEY und ihren blutrüstigen Kriegern entgegenzustellen und den gepeinigten und ausgebeuteten Planeten Halo notfalls mit den allerletzten verbliebenen Gliedmaßen zu verteidigen! Außerdem ist es nicht vollkommen auszuschließen, dass Drohnen, Eliten und Gebieter samt ihrer zu allem entschlossenen Flutviren irgendwann beschließen, auch unsere Erde zu zerstören und ihre kampfbereiten Tentakel in unsere Körper zu bohren. Wer da nicht gewissenhaft gelernt hat, mit der Plasmagranate umzugehen, der hat ein Problem – sag nicht, ich hätte dich nicht gewarnt!

Super Mario Bros.

Nun, jetzt wird es ein wenig melancholisch, denn meine Präferenz für diesen rührigen italienischen Klempner und seinen Bruder Luigi stammt wahrscheinlich daher, dass die 32 Levels dieses Videospiels die wahrscheinlich 32 angenehmsten Ereignisse meiner

Kindheit darstellten – in absteigender Reihenfolge. Wie du weißt, erlaube ich mir ansonsten eigentlich keinerlei Sentimentalitäten, doch jener fantastische Moment, in dem ich zum ersten Mal vor König Koopa stand und diesen mit einer Batterie an Feuerbällen bewarf, die ich mir zuvor durch das Pflücken eines ganzen Straußes von Feuerblumen hart erarbeitet hatte, zählt zu den glücklichsten Augenblicken meines Lebens. Könnte ich mich doch nur bei Shigeru Miyamoto bedanken – es ist ein Jammer, dass keine Zugfahrt von Pasadena in die Präfektur Kyoto möglich ist.

Zork

In Zeiten, in denen der Fortschritt es offenbar sogar solch linkischen Burschen wie Wolowitz möglich macht, unbeschadet in den Weltraum zu fliegen und vor allem lebend wieder zurückzukommen, kann es in seltenen Momenten der Nostalgie vorkommen, dass ich mich zurücksehne zu den Anfängen des Computerzeitalters. Aus diesem Grund habe ich mir vor einiger Zeit einen Emulator aus dem Internet heruntergeladen, mit dessen Hilfe ich klassische Videospiele aus den Siebziger- und Achtziger-Jahren des letzten Jahrhunderts spielen kann. Das Schöne an diesen beinahe antiken Softwareerzeugnissen ist, dass ich dafür den leistungsstärksten Grafik-Chip zusammen mit dem leistungsstärksten Prozessor benutzen kann, den es gibt: mein Gehirn! Angesichts der durchaus vorhandenen Reizüberflutung, der auch ich bisweilen ausgesetzt bin, kann es ein wahrer Genuss sein, nur eine Texteingabemaske wie bei *Zork* vor sich zu haben – und sich trotzdem in einer Welt zu befinden, die der Komplexität und der Vielseitigkeit von Azeroth ins nichts nachsteht.

Ausdrücklich verwahre ich mich dagegen, das Spiel *Mystische Warlords von Ka'a* in diese Reihung mit aufzunehmen, obwohl es von Leonard, Wolowitz und Koothrappali gerne ausgetragen wird. Es handelt sich dabei um einen recht trivialen Zeitvertreib aus Karten, der für mich – wie alle anderen Kartenspiele auch – insofern keine Herausforderung darstellt, weil ich mir natürlich merken kann, wann welches Blatt gespielt wurde und wer welche Spielkarte aufgenommen hat. Auch wenn ich wirklich gerne gewinne: Wenn ich das schon von vornherein weiß, macht es mir auch keinen Spaß!

5. Flaggen

Die Vexillologie ist mir in der letzten Zeit sehr ans Herz gewachsen, obwohl es sich bei ihr um eine vergleichsweise junge Wissenschaft handelt. Dennoch vereint sie eine ganze Menge interessanter Aspekte, die weit über die bloße Gestaltung eines Länderwappens hinausgehen. So stoße ich bei meinen Recherchen zur Entstehungshistorie einer bestimmten Flagge oft auch auf soziologische, politologische oder kunstgeschichtliche Aspekte. Es ist die Vielschichtigkeit, die mir diese Aktivität, die ich gerne wöchentlich auf meinem Youtube-Kanal mit euch teile, so freudvoll vorkommen lässt. Anbei möchte ich dir anhand einiger Beispiele einen kleinen Einblick in die Flaggenkunde geben – nicht ohne dir noch kurz mit auf den Weg zu geben, dass die Hälfte der dem Mast zugewandten Seite einer Flagge Stockseite, die andere Hälfte indes Flugseite heißt.

Abchasien

Wollen wir das eben Gesagte doch gleich mal überprüfen: Die wei-
ße Hand sowie die sieben weißen, fünfstrahligen Sterne auf rotem
Grund befinden sich auf der – richtig: Stockseite. Letztere stehen
wie auch die sieben Streifen für die sieben Regionen des kleinen
Kaukasus-Staates, der erst 1992 aus der ehemaligen Sowjetunion
(übrigens ein Wort, das ich in meiner Heimatstadt GALVESTON noch
heute nicht aussprechen darf, ohne Gefahr zu laufen, geteert und
gefedert zu werden) hervorgegangen ist; nämlich Sadzen, Bzyp,
Gumaa, Abzywa, Samurzaqan, Dal-Tsabal und Pskhuy-Abiga. Die
Farbgebung soll die Einheit von Christen und Muslimen symbo-
lisieren, und die besagte Hand steht natürlich für die Achtung des
Volkes vor der Nation. Die netten Abchasen geben wirklich ein
schönes Exempel dafür, welch vielfältigen Informationen man in
einen kleinen Wimpel packen kann.

Grenada

Auch diese Flagge zählt zu meinen heraldischen Lieblingen, welche ich mir immer wieder aufs Neue ansehen könnte: Der Grund für diese Präferenz liegt nicht etwa in den erneut sieben Sternen, die – wie du dir ja inzwischen denken kannst – auch hier die sieben Provinzen des zu den Antillen gehörenden Eilandes repräsentieren, wobei der mittige Stern selbstredend die Hauptstadt St. George's darstellt. Und ich präferiere sie auch nicht etwa deshalb, weil das Rot darin für die Harmonie, das Gelb für die Sonne und das Grün für die Fruchtbarkeit steht, sondern weil sich im linken grünen Dreieck eine Muskatnuss befindet, welche das wichtigste Exportgut Grenadas ist. Eine *Myristica fragrans* in einer offiziellen Flagge – ist das nicht putzig?

Kiribati

Ausnahmsweise sehe ich dir nach, solltest du nicht auf Anhieb wissen, dass sich dieser Staat über die meisten Inseln Mikronesiens und Polynesiens rund um die Äquatorlinie erstreckt. Nachdem, was ich dir bisher nähergebracht habe, kommst du aber sicherlich von selbst darauf, dass die drei weißen Wellenlinien die drei Inselgruppen Kiribatis – Gilbert Islands, Line Islands und Phoenix Islands – und die blauen Linien natürlich das Meer darstellen. Gerne will ich dir aber noch mit auf den Weg geben, dass oberhalb der am Äquator aufgehenden Morgensonne ein gewaltiger Fregattvogel seine Kreise zieht, der als »Te Eitei« von den Einheimischen als Symbol für Stärke und Freiheit angesehen wird.

Papua-Neuguinea

Nun, in diesem mitten im Pazifik befindlichen drittgrößten Inselstaat der Welt soll es noch Gegenden geben, in denen der Kannibalismus zu den sozialen Umgangsformen zählt. Zumindest aber leben 90 Prozent der dortigen Bevölkerung ohne Strom (und damit auch ohne Internetanschluss, das muss man sich einmal vorstellen). Nichtsdestotrotz finden sich auch hier einige Sterne in der Landesflagge, die – nein, reingefallen! – nicht für verschiedene Regionen stehen, sondern für das Sternbild des Kreuzes des Südens – deshalb auch der schwarze (= nächtliche) Hintergrund. Klingt einleuchtend, nicht wahr? Der Vogel hier ist ein wirklicher Paradiesvogel, der dem deutschen Ornithologen Otto Finsch gewidmet ist, der die Insel einst erforschte. Schade, dass der gute Finsch seit beinahe 100 Jahren das Zeitliche gesegnet hat, sonst könnte ich ihn zum möglichen Verbleib meines einzigen gefiederten Freundes befragen, den ich jemals besaß. Aber ich will nicht abschweifen, denn ein herrlich ästhetisches Beispiel habe ich noch!

Swasiland

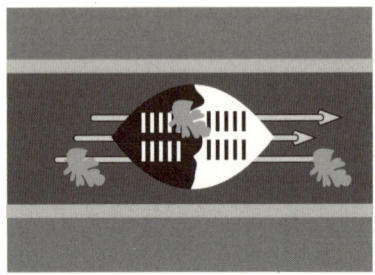

Ach, wäre doch nur die Wirtschaft in diesem bitterarmen afrikanischen Staat ebenso kreativ wie die Väter dieser Flagge, die sich im Oktober 1967 auf diesen schönen Entwurf einigten, in dessen Mittelpunkt ein altes Kampfschild des tapferen Emasotsha-Stammes steht. Das Rot als Symbolik für die blutigen Schlachten ist leider deutlich näher an der Realität als die Farben Blau und Gelb, welche Frieden und Reichtum vermitteln sollen. Aber ich bin ja nicht dazu da, um deine Empathie für die Dritte Welt zu wecken, sondern um dich schlauer zu machen. Und hierbei sind wir doch schon wieder einen kleinen Schritt weiter gekommen!

LEKTION 10:

Nutze die Physik im Alltag

Nun, kurz vor dem Ende unserer gemeinsamen Reise, möchte ich dir noch einige grundsätzliche Dinge aus meinem Wissensschatz mit auf den Weg geben, damit du diese wiederum an jene törichten und oberflächlichen Zeitgenossen vermitteln kannst, die ihre Nachbarin für schärfer halten als die HEISENBERG'SCHE UNSCHÄRFERELATION.

Ha, Bazinga!

Jedenfalls fürchte ich anhand der frappierenden Gleichgültigkeit, die mir allerorten in Bezug auf mein Betätigungsfeld begegnet, dass die wesentlichen Fragen der Zukunft allesamt unbeantwortet bleiben werden, wenn mein Geist oder der von Professor Hawking nicht doch noch irgendwann für die Nachwelt konserviert beziehungsweise in eine Maschine implementiert werden kann. Sollte dies aber nicht geschehen, was ich zum jetzigen Zeitpunkt leider nicht völlig ausschließen kann, muss ich zumindest alles in meiner Macht Stehende daran setzen, dass meine Forschungsergebnisse (und ja, auch die einiger ebenso relevanter Kollegen wie Albert Einstein oder Max Planck) gewissenhaft an intellektuell würdige Nachfolger weitergereicht werden. Sonst gehen buchstäblich irgendwann die Lichter aus.

Um dir für dieses fraglos ambitionierte Unterfangen zum Ende unserer Zusammenarbeit noch ein bisschen Mut zuzusprechen, möchte ich dir gerne schildern, wie es mir gelang, dem eigentlich hoffnungslosesten aller hoffnungslosen Fälle wenigstens an den Beginn des steinigen Pfades der Erleuchtung zu führen: Penny! Zu meinem Erstaunen ertrug sie es eines Tages allem Anschein nach nicht mehr, ohne jede Kenntnis der grundlegenden Phänomene unserer Zeit auszukommen. Also machte ich mich an eine der größten Herausforderungen meiner wissenschaftlichen Karriere und schickte mich an, ihr die Physik von Grund auf beizubringen – so geduldig, wie eine liebevolle Mutter ihrem Baby das Sprechen lehrt. Mein Gedanke, der mich bei diesem ehrgeizigem Unterfangen antrieb, war: Wenn ich es bei ihr schaffen sollte, dann würde ich es bei jedem schaffen – auch bei dir zum Beispiel! Und weil ich wirklich ganz am Anfang beginnen musste, stellte ich ihr drei Kernfragen, die ich dir ebenso stellen möchte:

1. Was ist Physik?

Wie du – im Gegensatz zu Penny – hoffentlich schon wusstest, leitet sich der Name dieser großartigsten aller Wissenschaften aus dem lateinischen Wort *physica* beziehungsweise dem griechischen Begriff *physike* ab und bedeutet schlicht die »Lehre von den natürlichen Dingen«. Schon nach dieser Definition kann man ohne Umschweife festhalten, dass die Physik allumfassend ist – weil sie uns ständig umgibt und die Welt ebenso erklärt und untersucht wie das Universum. Sie steckt in Gegenständen, Elektrik, Magneten, Kräften, Schwingungen und vielem mehr. Sie steckt sogar in deinem Computer oder deinem Mobiltelefon. Also hab gefälligst ein bisschen Respekt vor ihr!

2. Wofür brauchen wir Physik?

Nun, vor allem, weil wir Physiker mit den eben erwähnten »natürlichen Dingen« nicht irgendwelche biologischen Belanglosigkeiten wie die verschiedenen ethologischen Stufen der Paarung von Primaten oder ähnlich nutzlose Langzeituntersuchungen meinen, wie sie Amy etwa mit Rhesusäffchen und anderem Getier veranstaltet, sondern sämtliche Eigenschaften und vor allem die Gesetzmäßigkeiten, die hinter aller Materie auf diesem Planeten und noch weit darüber hinaus stecken. Falls du, wie ich damals auch, bereits an dieser Stelle bei deinem enthusiastischen Plädoyer in große Augen blicken musst, die dich aus einem leeren Kopf heraus anstarren, versuche, das Ganze etwas bildhafter zu erläutern:

Wenn es die Physik nicht gäbe, würden wir wahrscheinlich ein Glas Wasser in die Mittagssonne stellen und warten, bis wir daraus Eiswürfel zubereiten können, mit denen wir dann versuchen würden, unsere Suppe zu erhitzen. Warum? Weil wir einfach nicht verstehen könnten, wie alles zusammenhängt!

3. Welche wegweisenden physikalischen Theorien gibt es?

Eine gute Frage, deren umfassende Beantwortung natürlich diesen Rahmen sprengt. Du glaubst wohl nicht ernsthaft, dass ich dir auf ein paar Seiten all das beibringen kann, womit ich mich seit vielen Jahren tagtäglich eingehend beschäftige?! Ich möchte dir aber einige grundsätzliche, interessante Lehren vermitteln – damit du wenigstens weißt, warum der Apfel nach unten fällt, wenn er reif genug ist, und nicht nach oben. Denn im Alltag kann man dieses Wissen immer gebrauchen.

Eine der bedeutendsten physikalischen Gleichungen, das **Newton'sche Gravitationsgesetz**, hatte ich ja schon ganz am Anfang unseres Exkurses erwähnt, aber trotzdem soll es hier noch einmal zu Ehren kommen. Zur Rekapitulation:

Isaac Newton hat uns mit dieser pfiffigen Gleichung eines der wichtigsten Naturgesetze überhaupt beschert, genauer gesagt: eine der vier Grundkräfte der Physik. Eigentlich unglaublich, dass das bis 1686 gedauert hat! Ich meine, was haben die Leute denn vorher geglaubt, wie die gegenseitige Anziehung von verschiedenen Massen wohl funktioniert? Durch ein unsichtbares Hanfseil vielleicht? Jedenfalls kannst du anhand der auf der nächsten Seite genannten Formel berechnen, wie groß die Anziehungskraft zwischen zwei Körpern ist, beispielsweise der Erde und der Sonne.

Du hast keine Ahnung? Nun, dein geduldiger Lehrmeister gibt dir gerne einen kleinen Tipp: Die Erde wiegt ungefähr

5,98 Trilliarden Tonnen, die Sonne bringt sogar 1,99 Quadrilliarden Tonnen auf die Waage, und beide sind im Durchschnitt 150 Millionen Kilometer voneinander entfernt. Na, klingelt's jetzt? Komm schon – du setzt die Zahlen einfach in die Gleichung ein und bekommst binnen kürzester Zeit selbstverständlich heraus, dass die Erde die Sonne mit einer Kraft von 3,52 Trilliarden Newton anzieht. Und umgekehrt natürlich.

Das war dir zu hoch? Aber ich habe doch noch nicht einmal verlangt, dass du die unterschiedliche Fallbeschleunigung der Sonnenmasse mit in deine Berechnungen mit einbeziehst! Dabei beinhaltet Newtons Gleichung so viele lustige Folgerungen – wenn deine Tante etwa immer darüber jammert, dass sie mit ihrem Gewicht unzufrieden ist, dann könntest du der Dame demnach trefflich raten, auf den Mond zu ziehen: Gemäß der guten, alten Gravitationskonstante

$$g = G \cdot \frac{m}{r^2}$$

wäre sie dort nämlich um fünf Sechstel leichter! Aber wenn schon eine der einfachsten Aufgabenstellungen, welche die Physik überhaupt zu bieten hat, eine unüberwindbare Hürde darstellt, dann müssen wir wirklich im Keller des Newton'schen Anwesens beginnen.

Der kluge Isaac hat nämlich auch noch andere bahnbrechende Gesetze aufgestellt: Das wichtigste davon war das sogenannte **Trägheitsprinzip**. Es besagt, dass ein Körper so lange in Ruhe verharrt (oder sich unverändert weiterbewegt), bis auf ihn eine äußere Kraft einwirkt. Denk dir bei dem nun folgenden Exempel bitte ein tiefes Seufzen von mir vorab. Mal angenommen, du sitzt seelenruhig auf meinem Platz auf unserer Couch. Solange ich dich von diesem nicht unter Anwendung von körperlicher Gewalt hinfortbugsiere, wird sich an diesem Zustand leider auch nichts ändern, weil der Platz einfach derart optimale Bedingungen bietet. Genau das ist Trägheit! Glaube mir jedoch bitte, dass ich nichts unversucht lassen werde, um dieses Stadium zumindest im genannten Beispiel umgehend zu ändern. Und dadurch führt uns dieser Grundsatz gleich einen Schritt weiter – zu etwas, von dem auch du mit Sicherheit schon mal etwas gehört hast.

Es geht um die berühmte **Relativitätstheorie**! Sie lautet natürlich:

$$E = mc^2$$

und stammt von Albert Einstein. Ja, das ist der mit der Zunge, aber das hat hiermit ja nun wirklich rein gar nichts zu tun, wahrscheinlich wollte der Mann einfach nicht fotografiert werden, was ich nur zu gut nachvollziehen kann. Jedenfalls ist Einstein für meine Wissenschaft in etwa das, was Leonard Nimoy für das Raumschiff Enterprise ist: Visionär und Galionsfigur zugleich! Oder, um in Pennys Welt zu bleiben: Er ist – und er möge mir diesen furchtbaren Vergleich bitte verzeihen – der MANOLO BLAHNIK der Naturgesetze. Ich möchte meine Hände am liebsten in Säure tunken dafür, dass ich diesen Satz gerade tatsächlich aufgeschrieben habe.

Einsteins Theorie besagt im Kern, dass auf alles, was dem oben genannten Trägheitsprinzip unterliegt, dieselben physikalischen Gesetze angewandt werden können – und zwar unabhängig davon, wo dies gemacht wird – sei es in Amys ohne Zweifel unbeweglichem Labor oder in Leonards fahrendem Wagen, zumindest wenn er ihn ausnahmsweise mal mit einem gleichmäßigen Tempo fortbewegt. Allerdings nur, solange keine Lichtgeschwindigkeit im Spiel ist. Der oben genannte Satz ergibt nun, dass sich ein System mit der Masse m auch im unbewegten Zustand einer Energie E zuordnen lässt, wobei c^2 für die Lichtgeschwindigkeit steht. Wir können also das eine in das andere umwandeln.

Du kannst mir immer noch nicht folgen? Vielleicht habe ich dich doch ein wenig überschätzt. Also gut: Ich atme tief durch, rolle enerviert mit den Augen und versuche es mit einem Beispiel aus deinem seltsamen Volkssport: Nehmen wir an, du schießt einen Fußball (m) auf ein Tor. Dazu musst du natürlich eine ganze Menge Energie (E) einsetzen. Je schneller der Ball aufs Tor zurollen soll, umso mehr Energie brauchst du dafür. Während des Schusses wird der Ball allerdings immer schwerer. Unmittelbar bevor das Ding die Lichtgeschwindigkeit (c^2) erreicht, wird es dann sogar unendlich schwer, nur leider nicht mehr schneller – weil eben nichts schneller als das Licht werden kann (außer der Enterprise natürlich). Was aber passiert mit der ganzen schönen Energie, die du bei deinem strammen Schuss eingesetzt hast? Sie kann ja nicht einfach verschwinden wie Penny, wenn es ums Bezahlen ihrer Essensrechnung geht. Stattdessen wird sie in Masse umgewandelt. Umgekehrt kann aus Masse aber auch Energie gewonnen werden. So geschieht das in jedem Atomkraftwerk. Schau dir das doch mal vor Ort an, solange es die Dinger überhaupt noch gibt.

Ist denn wenigstens jetzt alles klar? Wieder nicht? Oh – mein – Gott! Dann brauche ich wirklich nicht mehr in diesem Sinne fortzufahren und über ANTIMATERIE oder SUPERNOVAS zu sprechen, wie ich es eigentlich vorhatte. Ich wünschte mir, wir hätten noch das so faszinierende Feld der Quantenmechanik gemeinsam bestellen können. Bitte erweise mir einen großen Gefallen – und setz dich bis zum nächsten Mal zumindest mit dem Ausdehnungskoeffizienten, dem Coulomb'schen Gesetz, der universellen Gaskonstante und der Spiegelgleichung auseinander, sonst wäre es vergebene Liebesmüh, irgendwann einmal mit meinem Fortgeschrittenkursus anzufangen. Und, nein, »Farad« hat nichts mit einem Mountainbike zu tun! Es ist, verdammt noch mal, die SI-Einheit für elektrische Kapazität!

Trotz meines bestimmt nachvollziehbaren Ingrimms kann ich dich aber nicht aus dem Studium dieses Standardwerks entlassen, ohne dir wenigstens einige infantile Experimente der Physik beizubringen, die dir hoffentlich die Faszination, der ich von Kindesbeinen an erlag, ein kleines Stück näherbringen.

Schrödingers Katze

Lass es mich wie bei Penny seinerzeit zunächst hiermit probieren: Du erinnerst dich sicher an Erwin Schrödingers populären Versuch von 1935, wonach eine Katze in eine undurchsichtige Kiste gesperrt wird, in der sich außerdem ein instabiler Atomkern sowie ein Behälter mit Giftgas befinden. Wenn der Atomkern zerfällt, was er irgendwann unweigerlich tun wird, wird auch das gefährliche Gift freigesetzt – und das arme, possierliche Tierchen ist dem Tode geweiht. Wann der Zerfallsprozess jedoch genau einsetzen und sein grausames Werk verrichten wird, kann man nicht wissen, weil man in das perfide Katzengefängnis ja nicht hineinsehen kann. Gemäß der Quantenmechanik existieren jedoch Zustände, die sich als überlagernd beschreiben lassen. Physikalisch gesehen ist die Katze demzufolge lebendig und gleichzeitig tot – zumindest, solange niemand die Kiste öffnet und nachsieht! Bevor die Zartbesaiteten unter euch jetzt in Tränen ausbrechen: Es handelt sich um ein bloßes Gedankenexperiment! Schrödinger galt als sanft wie ein kalifornischer Seelöwe und hat niemals wirklich eine Katze umgebracht. Überhaupt sind wir Physiker – im Vergleich zu bisweilen durchaus unbarmherzigen Biologen wie Amy – doch keine Unmenschen! Oder hast du uns schon einmal einem Affen das Rauchen beibringen sehen?

Ich hoffe, auch du erkennst die augenscheinlichen Parallelen zwischen diesem schlichten Katzenversuch und deinem vermutlich ebenso schlichten Alltag: Eine komplizierte Beziehung, wie sie Leonard und Penny oder du und dein jeweiliger Partner führen, kann unter Umständen gleichzeitig als gut oder schlecht angesehen werden. Welcher Zustand der richtige ist, weiß man erst, wenn man die Kiste öffnet – metaphorisch gesehen. So banal Schrödingers Idee auch ist – nach meinen ernüchternden Erfahrungen eben habe ich sie dir der Anschaulichkeit halber sogar aufgemalt:

SCHRÖDINGERS KATZE

Das Ei in der Flasche

Auch das Ei in der Flasche, ein wahrhaft infantiles Experiment, das ich meiner Familie bereits im Alter von drei Jahren am Frühstückstisch vorführte, veranschaulicht auf primitivste Weise einige Gesetzmäßigkeiten der Physik. Dafür benötigst du folgende Utensilien: ein hart gekochtes, geschältes Ei, eine Flasche (wie logisch!) und zwei Schüsseln – eine davon mit heißem, die andere mit kaltem Wasser gefüllt. Zunächst platzierst du das Ei dergestalt auf die Flaschenöffnung, dass es diese vollständig abschließt. Dann stellst du die Flasche in die Schüssel mit heißem Wasser. Wenn die Flasche richtig warm geworden ist, nimmst du sie wieder heraus, stellst sie in die andere Schüssel – und wartest ein paar Minuten lang ab. Dann wird plötzlich das Ei wie von Geisterhand bewegt in die Flasche schlüpfen. Faszinierend, nicht wahr? Auch dies habe ich dir einmal aufskizziert:

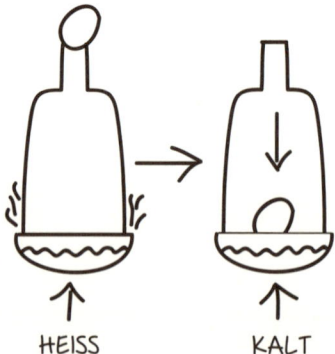

Der Grund, warum das Ei in die Flasche gerät, nennt sich – bitte denke dir jetzt einen ironisch gemeinten Tusch – Vakuum. Es entsteht, wenn die erwärmte Luft, die sich in der Flasche befindet, plötzlich abkühlt – und sich deshalb die winzigen Teilchen, aus denen die Luft nun einmal besteht, zusammenziehen. Von außen will nun neue Luft in die Flasche hinein, um den entstehenden Unterdruck auszugleichen, was durch das Ei aber verhindert wird – zumindest so lange, bis es durch den Unterdruck in die Flasche gesaugt wurde. Zwar liegt dieser Versuch mindestens zehn SEKTOREN unterhalb meiner Würde als ernst zu nehmender Wissenschaftler. Dennoch will ich mich nicht der Beobachtung verschließen, dass er auf allzu arglose Mitmenschen eine belustigende Wirkung haben kann.

Der Coandă-Effekt

Dies gilt zweifelsohne auch für folgendes ebenfalls eher entehrende Experiment, für das du die Flasche von eben noch einmal benutzen kannst. Nachdem du das Ei nämlich nie wieder aus ihr herausbekommst, dürfte die Halbwertzeit des Behältnisses ohnehin abgelaufen sein. Stelle eine Kerze dahinter, zünde diese an und blase mittig direkt auf die Flasche. So etwa:

DER COANDĂ-EFFEKT

Dass die Kerze trotzdem erlischt, obwohl sie hinter der Flasche steht, liegt am Coandă-Effekt, benannt nach dem Rumänen Henri Coandă, der herausfand, dass strömende Gase gekrümmten Oberflächen folgen, was im Übrigen auch bei Flüssigkeiten passiert. Auch so etwas Selbstverständliches ist reine Physik!

Die konservierte Schneeflocke

In diesem Zusammenhang fällt mir noch die unsägliche konservierte Schneeflocke ein, welche Leonard, dieser unverbesserliche Romantiker, Penny einst von unserer Nordpolexpedition mitbrachte. Nebenbei bemerkt habe ich diese Reise ohnehin in denkbar schlechter Erinnerung, weil mir von Wolowitz, Koothrappali und, jawohl, auch meinem besten Freund Hofstadter vermeintlich bahnbrechende Forschungsergebnisse bezüglich der String-Theorie untergejubelt wurden, nur um meinen natürlichen Ehrgeiz und die daraus resultierende Ernsthaftigkeit während des Aufenthalts zu zügeln. Jedenfalls hat Leonard einen Schneekristall mithilfe einer einprozentigen polyvinylacetalen Harzlösung haltbar gemacht. Wenn du dich auch auf diese hohle Weise in den Vordergrund spielen und die Naturwissenschaften ins Lächerliche ziehen willst, dann geh ruhig mit einem Objektträger, den du mindestens zwei Stunden im Gefrierfach aufbewahrt hast, und einer Tube gekühltem Sekundenkleber in den Schnee, suche dir ein schönes, großes Flöckchen, platziere dieses mittels einer ebenfalls gekühlten Pinzette auf den kalten Objektträger und fixiere das Ganze mit dem Kleber. Nach weiteren 48 Stunden im Gefrierfach sieht der doofe Dendrit vermutlich kitschiger aus, als es sich der Weihnachtsmann je hätte ausdenken können. Erspare mir bitte, dir diesen Unsinn auch noch aufmalen zu müssen.

Wie du dir sicherlich denken kannst, ist mir persönlich derartiger Klimbim mit Vakuum-Eiern, Kerzen und konservierten Schneeflocken ohnehin überaus fremd. Das Einzige unter all diesem populärwissenschaftlichen Kram, was selbst bei einem so klaren Geist wie mir vielleicht noch ein bisschen Wonne erzeugen mag, ist das, was man mit jenem geruchslosen Feststoff anfangen kann, der – Normaldruck vorausgesetzt – stets bei minus 78,48 Grad Celsius sublimiert und für diesen Phasenübergang immerhin 571,1 Kilojoule pro Kilo benötigt: Ich spreche natürlich von Trockeneis. Das dampft so schön, wenn man es mit Wasser in Verbindung bringt!

Davon mal abgesehen, wollte ich dir nach meinen zugegebenermaßen herben Enttäuschungen bei der Vermittlung ernsthafter Physik nur nicht den Mut nehmen, es weiter mit diesem Fachgebiet zu versuchen – und sei es auf noch so unkomplexem Wege! Ich hingegen benutze meine Wissenschaft auch künftig lieber, um wirklich sinnvolle Forschungen zu betreiben: Es ist herrlich, Protonen auf Lichtgeschwindigkeit zu beschleunigen, sie aufeinanderprallen zu lassen und die entstandenen Trümmerstücke zu begutachten und zu vermessen. Oder ich benutze sie, um unsinnige Sprichwörter zu widerlegen. Denn kaum etwas ärgert mich mehr als ein schiefes Sprachbild, welches sich aufgrund teilweise jahrhundertealter Erkenntnisse schlichtweg nicht halten lässt.

»Wenn eine Tür zufällt, geht woanders eine auf.«

Dies wäre ohne Zweifel nur dann der Fall, wenn beide Türen mittels eines ausgeklügelten Hebelmechanismus miteinander verbunden wären – was bei den meisten Portalen sicherlich nicht der Fall sein dürfte. Oder wenn der Luftzug durch das Schließen eine solche Kraft entwickelte, dass die dadurch entstehende Verdrängung auf der gegenüberliegenden Seite ausreicht, einen solch schweren

Gegenstand wie eine Türe zu bewegen. Ansonsten aber ist diese Phrase purer Nonsens!

»Probieren geht über Studieren.«

Selten habe ich einen größeren Unsinn vernommen. Mag ja sein, dass der eine oder andere Narr vor ein paar Millionen Jahren zunächst durch eine schmerzhafte Berührung herausgefunden hat, dass die vor ihm lodernden Flammen ziemlich heiß waren. Wo hätte er aber im PLEISTOZÄN auch den Verlauf einer exothermen Oxidationsreaktion erlernen sollen? Ansonsten gilt, dass das Studium aller verfügbaren Lehren ganz sicher dem bloßen Versuch vorzuziehen ist. Wenn du Backpulver und Essig in einem geschlossenen Gefäß vermengst, ohne vorher zu wissen, was dabei passieren kann, solltest du dich jedenfalls nicht wundern, wenn dir hinterher ein paar Finger fehlen.

»Wenn du denkst, es geht nicht mehr, kommt von irgendwo ein Lichtlein her.«

Wieder so ein grauenvoller Unsinn: Schon oft bin ich in meinem Leben an einen Punkt gekommen, an dem es nachweislich nicht mehr weiterging. In jener von einer zweieinhalb Meter hohen Mauer begrenzten Ecke des Schulhofs zum Beispiel, in die mich meine Klassenkameraden stets drängten, bevor sie mir die Hose oder den Ranzen oder auch beides wegnahmen. Ein Licht erschien währenddessen dort aber keinesfalls – warum auch: es war ja jedes Mal taghell, und eine weitere Transversalwelle zwischen 380 und 780 Newtonmeter hätte mein Auge ohnehin nicht wahrnehmen können.

»Wie man in den Wald hineinruft, so schallt es heraus.«

Ein solches Phänomen wäre beim Spazierengehen sicherlich überaus lustig, würde aber voraussetzen, dass die Reflexionen der Schallwellen, die durch den Ruf ausgelöst wurden, so stark verzögert wären, dass wir sie als eigenständiges Geräusch wahrnehmen könnten. Das funktioniert aber ausschließlich dann, wenn beim Eintreffen des Schalls nur wenige reflektierende Flächen vorhanden sind – wie etwa eine einzelne, verhältnismäßig glatte Felswand. Da ein Wald aber eine Pflanzenformation darstellt, sind dort derart viele Reflexionsflächen (natürlich in Gestalt von Bäumen) vorhanden, dass wir nicht einmal einen simplen Nachhall wahrnehmen dürften.

»Wo Rauch ist, da ist auch Feuer.«

Man kann sich auch bei dieser Redewendung nur mit Grausen winden. Das aus flüssigen Schwebeteilchen bestehende Aerosol mit dem umgangssprachlichen Namen »Rauch« bildet sich nämlich mitnichten ausschließlich durch Verbrennungsprozesse, sondern eben auch aus Staubteilchen, Blütenpollen, Mineralfasern oder Wassertröpfchen. Wenn aber alle KOLLOIDE wirklich verbrennen würden, bevor wir sie wahrnähmen, dann wüchse auf der Erde kein Gras mehr!

Das war ein für mich ernüchternder, für dich aber hoffentlich erhellender Überblick darüber, was die großartige Wissenschaft der Physik alles zu erklären imstande ist. Nachdem ich meine Antworten auf die drei Kernfragen dem Niveau eines Vorschülers angepasst habe und somit wieder bei Penny angelangt bin, blieb zumindest für sie am Ende nur noch eine vierte Frage offen:

4. Was hat Leonard mit all dem zu tun?

Tja, auch wenn sie mir gegenüber versuchte, ihr Interesse für das faszinierende Feld aller erdenklichen Naturerscheinungen glaubhaft zu machen, bemerkte ich wohl, dass es ihr nur darum ging, zumindest ansatzweise zu verstehen, was ihr Freund den lieben langen Tag auf dem CALTECH so tut. Dabei hätte ich ihr zumindest das in einem einzigen knappen Satz beantworten können: Er versucht herauszufinden, warum sich Elementarteilchen so bewegen, wie sie es nun einmal tun. Wenn du so willst, spielt Leonard einfach mit den 61 verschiedenen winzigen Lego-Steinchen, aus denen jede Materie besteht. Das ist natürlich eher enttäuschend angesichts all der anderen großen Unbekannten zwischen Himmel und Erde. Aber es ist auch nicht ganz schlecht.

Abschlussprüfung

Und das war's auch schon mit meinem kleinen Kursus über die Einführung in die faszinierende Welt des Cooperismus. Um abschließend herauszufinden, ob du auch verstanden hast, was ich dir auf den vorherigen Seiten beibringen wollte, habe ich mir erlaubt, einen kleinen Test zu entwickeln. Dieser wird mir darüber Aufschluss geben, ob du auch wirklich würdig bist, in unserer Wohngemeinschaft zusätzliches Oxygenium zu verbrauchen! Auch wenn ich empirische Erhebungen nicht besonders schätze, halte ich es doch für angebracht, dass du die folgenden Fragen nach bestem Wissen und Gewissen beantwortest und im Anschluss daran die erreichten Punkte zusammenzählst. Ich bin allerdings ganz zuversichtlich, dass du das trotz der nicht zu verleugnenden Schwächen vor allem innerhalb der letzten Lektion schaffst. Denn du hast ja schließlich den allerbesten Lehrmeister gehabt, den du dir wünschen konntest: mich! Also: Viel Vergnügen bei der Beantwortung meiner kleinen Aufgaben und bis bald!

1.) Fangen wir mit der einfachsten aller Fragen an: Welche meiner herausragenden Eigenschaften schätzt du am meisten?

a) Meine Klugheit

b) Meine Reinlichkeit

c) Meine Verspieltheit

2.) Weiter geht's: Dein lieber Sheldon braucht Freundschaften so sehr wie ein Spaceshuttle die …

a) Erde

b) Umlaufbahn

c) NASA

3.) Eine praktische Übung aus der Physik: Wie weit muss die Höhe einer Treppenstufe mindestens von der Höhe der anderen Stufen abweichen, damit die meisten Menschen unwillkürlich ins Stolpern geraten – so wie mein Vater, der sich bei einem entsprechenden Experiment meinerseits einmal das Schlüsselbein brach?

a) Einen Millimeter

b) Einen Zentimeter

c) Zwei Millimeter

4.) Und noch mal wird's physikalisch: Wenn du einen schweren Gegenstand auf einer schiefen Ebene platzierst, reduziert sich die aufzuwendende Kraft bei einem Winkelsinus der Ebene von 30 Grad auf genau

a) die Hälfte

b) ein Drittel

c) ein Viertel

5.) Für echte Cooperianer keine Herausforderung: Welche ist meine Lieblingsaminosäure?

a) Glutamin

b) Lysin

c) Alanin

6.) Das weißt du doch hoffentlich auch: Welches elektronische Produkt, das ich mir 1998 angeschafft habe, funktioniert dank meiner pfleglichen Behandlung immer noch bestens?

a) Ein Windows-PC

b) Ein Theremin

c) Ein Tamagotchi

7.) Und welche technische Neuerung halte ich für absolut überflüssig?

a) Den Plasmafernseher

b) Selbstsingende Karaoke-Automaten

c) Eine T-Shirt-Faltmaschine

8.) Mit welcher einfachen Süßspeise vermagst du deinem Freund Sheldon eine kleine kulinarische Freunde zu bereiten?

a) Weingummi

b) Eiscreme

c) Schokoladenpudding

9.) Auch die Schattenseiten meines Lebens gehören zu deinem notwendigen Wissensschatz: Mit welchem überschätzten, minderbegabten, unqualifizierten und oberflächlichen IT-Unternehmer geriet ich einst in einen handgreiflichen Streit wegen seiner mangelhaften Produkte?

a) Steve Wozniak

b) Bill Gates

c) Mark Zuckerberg

10.) Eine hypothetische Frage: Mal angenommen, ich würde mich aus einem nicht näher vorstellbaren Grund irgendwann in einen Wagen setzen und diesen tatsächlich selbst fahren – welche Farbe müsste dieser dann haben?

a) Rot

b) Gelb

c) Exakt das blasse Blau, dass das erste und ursprüngliche Lichtschwert von Luke Skywalker erzeugt, welches er während des Duells mit Darth Vader benutzt. Aber nur der Farbton aus der *Star-Wars*-Originalfassung von 1976, nicht der aus der digitalen Überarbeitung von 1995 und schon gar nicht der aus der erneuerten DVD-Version von 2004!

11.) Diese Aufgabe entstammt meinem legendären Kontrafaktuale-Spiel: Wenn Nashörner domestizierte Haustiere wären – welches Land hätte am wahrscheinlichsten den Zweiten Weltkrieg gewonnen?

a) Kenia, weil dort am meisten Nashörner leben und sie in alle Welt als Haustiere exportiert worden wären.

b) Deutschland, weil unzählige zahme und unschuldige Rhinozerosse von den gewissenlosen Nazis als lebende Schutzschilder für den Häuserkampf in Stalingrad eingesetzt worden wären.

c) Uganda, weil sich bei Kriegsausbruch niemand mehr den Luxus eines Nashornes aus Kenia leisten würde, das Land wirtschaftlich bankrottginge und der Nachbarstaat so die Macht in ganz Zentralafrika an sich reißen und die Basis für die Eroberung Europas legen könnte.

12.) Eine Wahrscheinlichkeitsrechnung: Mal angenommen, irgendwo auf der Welt wird ein Kind geboren – welchen Namen trägt es rein stochastisch gesehen?

a) Mohammed Lee

b) Sheldon Cooper

c) Dennis Kim

13.) Das vorliegende Werk wird natürlich nicht meine einzige Veröffentlichung bleiben: Schon lange trage ich mich mit dem Gedanken, meine Memoiren zu verfassen. Welchen Arbeitstitel tragen diese?

a) Dr. Sheldon Coopers wunderbare Welt der Schwerkraft
b) Gern geschehen, Menschheit!
c) Ich und Professor Hawking – zwei Freunde fürs Leben

14.) **Nun kommen meine Fähigkeiten zum Einsatz, einen launigen Rebus zu zeichnen: Welchen einfachen Begriff suche ich?**

a) Star Trek
b) Star Wars
c) Schweine im Weltall essen ein verlorenes Ei und ein paar Birnen

15.) **Ihr wisst ja, dass ich auf eine bevorstehende Apokalypse unbedingt ausreichend vorbereitet sein möchte und für mich und Leonard regelmäßig entsprechende Notfallverhaltensübungen durchführe. Welches Schreckensszenario spiele ich dabei auf jeden Fall durch?**

a) Den Einschlag eines Meteoriten

b) Den Einmarsch der Kanadier

c) Den Besuch von Howards Mutter

16.) Ein klassischer Witz für alle Freunde algebraischer Topologie: Wieso geht das Huhn über das Möbiusband?

a) Es will auf dieselbe Seite gelangen.

b) Es weiß nicht, was ein Möbiusband ist.

c) Es sucht Futter.

17.) Diese Frage ist für dich sicher einfach zu beantworten, aber sie liegt mir besonders am Herzen: Was ist die beste bekannte Zahl?

a) Die 7353, weil sie das Wort »Esel« ergibt, wenn man sie in einen Taschenrechner eingibt und diesen umdreht.

b) Die 73, weil sie die 21. Primzahl ist, während deren Spiegelzahl 37 die zwölfte ist, deren Spiegelzahl (die 21) wiederum das Produkt von 7 mal 3 ist.

c) Die 2273, weil sie das Jahr markiert, in dem Spock und Scotty zur Sternenflotte zurückkehren.

18.) Nach all den launigen Scherzfragen wollen wir uns mit einer ernsthaften Bedrohung befassen: Sollte Pasadena von einem gewaltigen Erdbeben erschüttert werden, das eine umfassende Ausgangssperre sowie eine Sperrung der Trinkwasserzufuhr nach sich zöge – wie lange reichten dann unsere Vorräte, vorausgesetzt, es befänden sich zum Zeitpunkt des Bebens nur Leonard und ich in unserem Apartment?

a) Ein Tag
b) Eine Woche
c) Zwei Tage

19.) **Eine Frage aus meinem berühmten Podcast »Spaß mit Flaggen«: Welches ist die einzige nicht rechteckige Fahne der Welt?**

a) Nepal – das sieht man auf den ersten Blick wegen der beiden Zipfel, die für die Bergspitzen des Himalajas stehen.

b) Montana – das sieht man auf den ersten Blick wegen der beiden Zipfel, die für die Bergspitzen der Rocky Mountains stehen.

c) Schweiz – das sieht man auf den ersten Blick wegen der beiden Zipfel, die für die Bergspitzen des Matterhorns und des Eiger stehen.

20. **Zum Schluss noch eine von mir perfektionierte Eigenheit, die ich die ebenfalls zur besseren Übersichtlichkeit deiner Cerealien empfehle: Nach welcher Kennzahl geordnet pflege ich meine Frühstücksflocken zu sortieren?**

a) Kaloriengehalt

b) Zuckergehalt

c) Ballaststoffgehalt

Antworten:

1	a = 2 Punkte	b = 2 Punkte	c = 2 Punkte
2	a = 0 Punkte	b = 2 Punkte	c = 1 Punkt
3	a = 1 Punkt	b = 0 Punkte	c = 2 Punkte
4	a = 2 Punkte	b = 0 Punkte	c = 0 Punkte
5	a = 1 Punkt	b = 2 Punkte	c = 0 Punkte
6	a = 0 Punkte	b = 1 Punkt	c = 2 Punkte
7	a = 2 Punkte	b = 1 Punkt	c = 0 Punkte
8	a = 1 Punkt	b = 0 Punkte	c = 2 Punkte
9	a = 0 Punkte	b = 2 Punkte	c = 1 Punkt
10	a = 0 Punkte	b = 0 Punkte	c = 2 Punkte
11	a = 1 Punkt	b = 0 Punkte	c = 2 Punkte
12	a = 2 Punkte	b = 2 Punkte	c = 0 Punkte
13	a = 2 Punkte	b = 1 Punkt	c = 1 Punkt
14	a = 0 Punkte	b = 0 Punkte	c = 2 Punkte
15	a = 1 Punkt	b = 2 Punkte	c = 1 Punkt
16	a = 2 Punkte	b = 1 Punkt	c = 0 Punkte
17	a = 0 Punkte	b = 2 Punkte	c = 1 Punkt
18	a = 1 Punkt	b = 0 Punkte	c = 2 Punkte
19	a = 1 Punkt	b = 2 Punkte	c = 0 Punkte
20	a = 1 Punkt	b.= 0 Punkte	c = 2 Punkte

Auflösung:

0 bis 22 Punkte

Was soll ich sagen? Dieses Ergebnis ist tatsächlich meine größte Enttäuschung, seit sich der große ADAM WEST für eine lausige Nebenrolle im Film *Zombie Nightmare* hergegeben hat. Ich kann nur hoffen, dass du aus diesem eigentlich unentschuldbaren Versagen ebenso deine Lehren ziehst wie Mr West – und hart an dir arbeitest, um künftig derartige Fehlleistungen zu vermeiden. Wenn dir aber wirklich so wenig daran gelegen ist, in unserer Wohngemeinschaft aufgenommen zu werden, dann nimm am besten umgehend dieses Buch und schenke es noch heute jemandem, der meine wissenschaftliche Arbeit zumindest mehr zu würdigen weiß, als du es offenbar zu tun pflegst. Kripke zum Beispiel!

24 bis 34 Punkte

Ich muss leider zugeben, dass ich trotz der erreichten Punktzahl ein wenig desillusioniert bin! Immerhin habe ich mir enorme Mühe gegeben, meinen umfangreichen Wortschatz zu drosseln und komplizierte Sachverhalte so reduziert darzustellen, dass selbst Penny diesen Test mit Bravour bestanden hätte. Und du kannst mir glauben, dass mir diese Art des intellektuellen Downgradings beileibe nicht leichtgefallen ist! Trotzdem hast du zu meinem Missfallen nur ein höchst durchschnittliches Ergebnis erreicht, das allenfalls einem IQ-Wert von bis zu 130 entspricht. Das mag unter Umständen für ein Begabtenstipendium an deiner anspruchslosen Hochschule ausreichen, an einer nachhaltigen Eignung für unsere häusliche Allianz muss ich jedoch leider noch zweifeln. Wahrscheinlich wäre es am besten, du läsest das Buch erneut von Beginn an durch und verinnerlichtest meine zehn Lektionen ein zweites Mal. Ich will den ganzen Aufwand ja nicht umsonst betrieben haben! Also, bis gleich.

Über 36 Punkte

Ich wusste, dass du an meinen Lippen hängst wie Guano-Fledermäuse an der Decke der BRACKEN-HÖHLE bei Austin. Gratuliere! Du hast es dank der unerschöpflichen Geduld, der Kreativität und nicht zuletzt der Weisheit deines Lehrmeisters geschafft – und die Aufnahmeprüfung für die von mir angeführte Freundes-Förderation bestanden. Nun bist du ein Teil meines kolossalen Kosmos – wenn auch natürlich nur ein kleiner. Aber was soll's: Nach der genauen Auswertung aller Testergebnisse und einem umfangreichen Vergleich mit der Referenzgruppe (Leonard, Penny, Wolowitz, Koothrappali, Amy und Bernadette) kommt für dich ein Intelligenzquotient zwischen 130 und 186 in Betracht. Das ist doch schon mal was, nicht wahr? Für mehr hat es trotz der erfreulichen Punktzahl aber nicht gereicht. Nachdem du nun aber ein so großer Experte meiner Lehren bist, vielleicht sogar der größte, den es zwischen Pasadena und deinem Heimatort gibt, weißt du ja wenigstens, warum.

Cooperpedia

DECTALK DTC 01

Sprachcomputer, welcher von Professor Hawking zur Verständigung mit seiner Umwelt verwendet und durch die Bewegung seiner Augen gesteuert wird. Howards Imitation des DECtalk DTC 01 durch schnelle Zeigefingerberührungen seiner Lippen beim Sprechen ist indes nicht nur geschmacklos. Sie ist auch noch jämmerlich schlecht.

BOLIANER

Amphiboide Spezies vom Planeten Bolarus im Alphaquadranten, die als besonders neugierig gilt. Du verstehst immer noch nicht? Es geht natürlich um *Star Trek* – siehe auch Lektion 9!

EIDETISCHES GEDÄCHTNIS

Nicht zu verwechseln mit einem lapidaren fotografischen Gedächtnis und für mich Fluch und Segen zugleich: Dank dieser seltenen Gabe vergesse ich nie etwas, was ich einmal gesehen, gelesen oder gehört habe. Rund fünf Prozent aller Menschen haben es – die wenigsten nutzen es. Ich schon!

ASPERGER-SYNDROM

Vom österreichischen Kinderarzt Hans Asperger beschriebene Form des Autismus, die sich vor allem durch Inselbegabung und gleichzeitige Schwächen im Sozialverhalten auszeichnet. Insofern auf mich nicht anwendbar, weil ich zweifelsohne inselbegabt bin, gleichwohl aber gerade durch mein vorbildliches Sozialverhalten meinen Freundeskreis überhaupt erst zusammenhalte.

BOLTZMANN-KONSTANTE

Bekanntester Kernsatz des (erneut österreichischen) Physikers Ludwig Boltzmann, mit dem die mittlere thermische Energie eines freien Teilchens berechnet werden kann. Obwohl der kluge Herr Boltzmann mit seinen wegweisenden Forschungsergebnissen zur Thermodynamik den geistigen Boden für Max Planck bereitete, hängte er sich 1906 während eines Kuraufenthaltes am Fensterkreuz seines Hotelzimmers auf.

HENRI BECQUEREL

Entdecker der Radioaktivität und eines meiner Vorbilder auf dem faszinierenden Gebiet der Atomphysik. Konnte sich – im Gegensatz zu mir – äußerst glücklich schätzen, mit Alexandre Becque-

rel, dem Entdecker des fotoelektrischen Effekts, einen ebenso begabten Vater als Vorbild zu haben und wurde von diesem von Beginn an gefördert. Hat mir (noch) den Nobelpreis voraus, den er sich aber mit dem Ehepaar Curie teilen musste – das wiederum dürfte mir nicht passieren. Vergiss es, Kripke!

INTERDEPENDENZ

Nun, damit bezeichnet man eine wechselseitige Abhängigkeit, bei der eins ohne das jeweils andere nicht funktioniert. Also zum Beispiel die Beziehung zwischen oxygener Fotosynthese und Adenosintriphospat. Oder zwischen Mario und Luigi.

PLATONISCHER KÖRPER

Die fünf regelmäßigsten Polyeder (also Vielseiter), die allesamt nach dem griechischen Philosophen Platon benannt wurden: Tetraeder, Oktaeder, Würfel, Dodekaeder und Ikosaeder. Vor ein paar

Tausend Jahren wollten die Menschen mithilfe dieser Figuren das Universum ergründen, heute sind sie ein nettes Spielzeug und dank ihrer geometrischen Perfektion auch ein schönes Dekorationsobjekt für jede Wohnung.

....

STAR-SPANGLED BANNER

Natürlich die Nationalhymne der USA, welche wir gleich zu Beginn in der Grundschule von Galveston auswendig lernen und immer wieder aufs Neue aufsagen mussten. Dabei wäre es viel interessanter gewesen, zunächst den weitaus wichtigeren historischen Kontext zu verinnerlichen, aus dem heraus der junge Anwalt Francis Scott Key den Text anno 1812 unter dem Eindruck des feigen britischen Bombardements von Fort McHenry verfasste. Kein Wunder, dass das amerikanische Schulsystem sieben Prozent Analphabeten ins Leben hinausspuckt.

ZEITDILATATION

Ein witziges Phänomen der Relativitätstheorie: Befindet sich ein Beobachter im Zustand einer gleichförmigen Bewegung, geht jede relativ zu ihm bewegte Uhr plötzlich langsamer. Hallo?! Nicht verwirrt auf deine Armbanduhr gucken – das funktioniert natürlich nicht bei uns auf der Erde, sondern nur bei annähernden Lichtgeschwindigkeiten.

....

UNIVERSITY OF TEXAS

Weithin geachtete fünftgrößte Universität der USA in Austin. Brachte mit Ilja Prigogine und Steven Weinberg bereits zwei Physik-Nobelpreisträger hervor. Könnte bald ein drittes derartiges wissenschaftliches Aushängeschild besitzen.

....

PRIMORDIALE NUKLIDE

Wie der Name (primordial = vor der Ordnung, nur zur Sicherheit!) schon sagt: Eine von 288 »Atomsorten« (verzeiht bitte diesen flapsigen Ausdruck), die schon bei der Entstehung der Erde vorhanden, aber noch nicht vollständig zerfallen waren – und wegen ihrer enorm langen Halbwertszeit deshalb heute noch auf unserem Planeten vorhanden sind, zum Beispiel in Gestalt von Plutonium, Uran oder Platin. Und kommt mir jetzt bloß nicht mit »Am ersten Tag schuf Gott …« wie meine nicht nur in dieser Hinsicht beratungsresistente Mutter!

GALVESTON

Kleinstadt auf einer der Küste vorgelagerten Insel im Golf von Mexiko mit exakt 47743 Einwohnern, wobei drei davon zur Familie Cooper gehören. War einmal ein wichtiger Baumwollhafen und ist Sitz der römisch-katholischen Kirche in Texas. Besitzt ein absolut sehenswertes Eisenbahnmuseum, in dem ich mich sehr gerne aufgehalten habe – aber leider

keinerlei Bildungsangebote für außergewöhnlich begabte Kinder und Jugendliche.

PERTURBATIVE AMPLITUDEN

Wichtige Methode der theoretischen Physik, mithilfe derer ich vor allem während meiner Zeit als 15-jähriger Gastprofessor in Deutschland die Auswirkungen einer zeitunabhängigen Störung auf ein analytisch lösbares System untersuchen konnte. Klingt kompliziert – und ist es auch, zumindest für euch!

TWISTOR-THEORIE

Der Versuch, die eigentlich widersprüchlichen Quantenfeld- und Gravitationstheorien zu vereinigen. Eines meiner bevorzugten Forschungsgebiete und mutmaßlich geeignet für den Nobelpreis, wenn es mir als erstem Physiker gelingen wird, eine fundamentale Erklärung für sie zu finden – was im Grunde genommen nur noch eine Frage der Zeit ist!

....

CALTECH

Eigentlich »California Institute of Technology«, private Universität in Pasadena/Kalifornien mit teilweise veralteter Einrichtung und lausiger Cafeteria, an der ich, Leonard, Wolowitz und Koothrappali derzeit forsche. Genauer gesagt: an der ich ernsthaft forsche, während Leonhard, Wolowitz und Koothrappali irgendwie auch an irgendetwas herumexperimentieren. Der Fachbereich Physik wird derzeit noch geleitet von Dr. Eric Gablehauser, der dieser verantwortungs- und anspruchsvollen Aufgabe in keinster Weise gewachsen ist und sich überdies meiner Mutter bereits mehrfach in unsittlicher Absicht genähert hat.

....

CALTECH KANZLERS AWARD

Netter, kleiner Preis, welchen ich völlig zu Recht für meine wertvollen Beiträge in meinem Fachbereich überreicht bekommen habe. Hängt in meinem Büro.

....

SUMMA CUM LAUDE

»Mit höchstem Lob« – bestmögliche Auszeichnung einer Dissertation.

....

KONZERTHAUS IN STOCKHOLM

Auf schwedisch »Konserthuset«: Ort der eigentlichen alljährlichen Nobelpreisverleihung und bedeutendstes Gebäude des skandinavischen Klassizismus.

....

PSEUDOSKALAR

Physikalische Größe wie Masse, Energie oder Temperatur, die bei einer Raumspiegelung ihr Vorzeichen ändert. Was kapierst du daran nicht? Es ist ähnlich wie bei einem Spiegel, in dem aus deiner rechten Hand scheinbar die linke wird. Nur eben in theoretischer Hinsicht. Jetzt alles klar?

CUCULUS CANORUS

Auch Kuckuck genannter Brutparasit, der es vorzieht, die Aufzucht seines Nachwuchses anderen Vögeln zu überlassen, um sich lieber der Balz oder der Nahrungssuche zu widmen.

PASSERI

Einfach strukturierte Singvögel wie Meisen, Sperlinge oder Finken, deren Lungen weitaus leistungsfähiger sind als ihr Gehirn und die von Kuckucken bevorzugt für ihr perfides Spiel ausgewählt werden.

LAKTOSEINTOLERANZ

Nerviges Leiden von Leonard, das es ihm und geschätzt weiteren vier Milliarden Menschen weltweit unmöglich macht, Milchzucker zu verdauen – und das vor allem mich dazu nötigt, bei jeder einzelnen Bestellung von Pizza, Torten oder ähnlichen leckeren Speisen, die ohne Milchprodukte nun einmal nicht hergestellt werden können, stets auf ihn Rücksicht zu nehmen. Wäre Leonard ein Asiate, könnte ich sein Leiden ja noch weitgehend als gesellschaftskonform akzeptieren – in den USA jedoch zählt er zu einer wehleidigen Minderheit.

GLUTEALREGION

Von mir bevorzugter Ausdruck für den Po. Oder das Gesäß. Oder den Hintern – was dir in deiner Vulgärsprache eben mehr beliebt. Wegen seiner natürlichen Nähe zum Anus als äußerst unreines Körperteil anzusehen!

PROMISKUITÄT

Überaus betriebsame sexuelle Aktivität mit mehreren, in Extremfällen dicht (wöchentlich!) aufeinander folgenden Geschlechtspartnern. Besonders häufiges Auftreten der *P.* wird vor allem bei Massenveranstaltungen beobachtet, die mit einer überdurchschnittlichen Aufnahme von Ethanol in Zusammenhang stehen, wie zum Beispiel Karneval, Mardi Gras oder texanische Bierfeste. Anfangs bei Penny durchaus stark ausgeprägt, inzwischen dank meines positiven ethisch-moralischen Einflusses auf durchschnittliches Kopulationsniveau heruntergefahren. Ansonsten in meinem direkten Umfeld nirgendwo zu beobachten.

·······································

JAKTATION

Krankhafte Unruhe, die bei Menschen etwa mit dem Wippen des Oberkörpers (oder des Kopfes) auftreten kann und meist ein Zeichen für Unsicherheit oder eine kognitive Behinderung sein kann. Kann durch Beruhigung oder emotionale Zuneigung vermindert werden!

·······································

ULCUS MOLLE

Äußerst unappetitliche Geschlechtskrankheit mit bemerkenswert gro-

ßen Hautgeschwüren, die vor allem in tropischen oder subtropischen Regionen auftritt und meine hygienisch bedingten Vorbehalte gegen diese Kulturen weiter verstärkt. Ich zeige dir mal ein besonders prägnantes Beispiel, welches ich auf der indischen Website von Mr Koothrappali gefunden habe:

Aus Jugendschutzgründen entfernt.
– Der Verlag –

·······································

SELEKTIVER MUTISMUS

Psychisch bedingte, teilweise Verstummung, die bei Raj regelmäßig in Gegenwart von Frauen auftritt und durch den Konsum von Alkohol seltsamerweise in den Hintergrund tritt. Führt entweder zu einer massiven Suchtstörung oder zu einem dauerhaften Single-Dasein.

SIRI

Vollkommen unausgereiftes Sprach-eingabesystem von Apple, das erst-mals im iPhone 4S eingesetzt wur-de. Einziger bekannter weiblicher Ansprechpartner von Koothrap-pali, mit dem er ohne Zuhilfe-nahme von Alkohol kommunizie-ren kann. Moment, nicht dass ich dem Burschen unrecht tue: Einmal konnte der arme Tropf in nüchter-nem Zustand mit der Schauspiele-rin Summer Glau sowie ein wei-teres Mal mit Penny interagieren, aber ich vermag bis jetzt leider nicht zu diagnostizieren, weshalb es in diesen beiden Fällen funkti-oniert hat und sonst nicht.

AQUAMAN

Titel einer Comicreihe mit gleich-namiger Hauptfigur aus dem großartigen amerikanischen Ver-lag DC Comics. Sohn von Tom Curry sowie einer Bewohne-rin aus Atlantis. Kann aus die-sem Grund unter Wasser atmen, mit Meerestieren kommunizieren und schneller schwimmen als ein Hai. Mitglied der Gerechtigkeitsli-ga. Absolut angemessenes Kostüm bei unserem Auftritt auf der all-jährlichen Silvester-Kostümfeier in Stuarts Comicbuchladen, wel-ches Koothrappali aus mir nicht nachvollziehbaren Gründen bei-nahe nicht angezogen hätte.

LIEUTENANT UHURA

Einzige Frau der Stammbeset-zung des originalen Raumschiffes Enterprise. Küsste anfangs Cap-tain Kirk, warf sich im unsägli-chen elften Film dann aber Mister Spock an den Hals, wodurch sich meine negative Meinung über sie weiter verfestigte.

BATMOBIL

Automobil von Batman mit ge-panzerter Karosserie, Raketenmo-tor und diversen Waffen zur Ver-teidigung gegen finstere Verfolger wie den Joker oder missgünstige

Stellplatzdiebe wie Wolowitz. Seit Anfang 2013 leider im Besitz eines unbekannten Sammlers. Wird von mir aller Voraussicht nach irgendwann in den nächsten 20 Jahren käuflich erworben werden.

....

FOLLIKELEPITHELEN

Körnchenzellen im Eierstock, die unter anderem für die weibliche Östrogenproduktion benötigt werden und aus diesem Grunde mitverantwortlich sind für das überaus rätselhafte weibliche Sexualverhalten, das ich in letzter Zeit verstärkt auch bei Amy wahrzunehmen glaube.

....

KONTRAFAKTUALE

Von mir weiterentwickeltes lustiges philosophisches Gedankenspiel, das komplexe Zusammenhänge erklären hilft. Ein Beispiel: Die korrekte Beantwortung der Frage:

»Würde die Menschheit von einem riesigen, intelligenten Biber regiert, würde welche Speise nicht mehr konsumiert?«

ist nur möglich, wenn dabei die Auswirkungen dieser Behauptung auf sämtliche biologischen und soziologischen Umstände der gegenwärtigen Realität berücksichtigt werden. Deshalb kann als Antwort nur der »Kopenhagener Kranzkuchen« infrage kommen. Begründung: Die Menschen würden durch den massiven Dammbau zu Ehren des Biberkönigs unabsichtlich dafür sorgen, dass Dänemark als eines der ersten Länder aufgrund seiner Meereshöhe unterhalb Normalnull vom ansteigenden Meeresspiegel überflutet würde, die Hauptstadt Kopenhagen folglich nie gebaut und das entsprechende Gebäck nie erfunden worden wäre! Du kannst dieses Spiel auch für andere Hypothesen trefflich zur Schulung deines logisch-analytischen Denkvermögens einsetzen.

SEQUOIOIDEAEN

Dabei handelt es sich um den aufgrund seiner beachtlichen Größe von bis zu 95 Metern für meine im Text verwendete Metapher hervorragend geeigneten Riesenmammutbaum.

METABOLISIERUNG

Das ist natürlich nichts anderes als unser guter alter Stoffwechsel – eigentlich hätte ich mir diesen Eintrag sparen können.

MYXOVIREN

Eine besonders gemeine und hinterhältige Gruppe von Viren, welche sich vorwiegend zur Winterzeit auf meinen Atemwegen ausbreitet und dort mittels ausgeprägter Schleimbildung dafür sorgt, dass pro Minute gefühlt mehr Sekret aus meiner Nase läuft als Wasser die Niagarafälle hinab.

AGRYPNIE

Ärgerliche Schlafstörung – tritt bei mir vorwiegend dann auf, wenn ich meine Nahrung nicht gemäß meines ausgeklügelten Wochenplans einnehmen kann. Oder wenn ich schlimme Träume habe. Etwa vom Weihnachtsmann, der sich an mir rächen will, weil ich ihn einmal verflucht habe.

STAR-TREK-CONVENTION

Heitere Zusammenkunft von *Star-Trek*-Anhängern unterschiedlicher Altersklassen, auf der auch einzelne Schauspieler der verschiedenen Serien und Filme auftreten, von denen ich mir dann meine Sternenflotten-Utensilien signieren lasse. Nach dem bereits geschilderten, von Wil Wheaton ausgelösten außerordentlich bedrückenden Erlebnis meiner Jugend sind die Conventions inzwischen innerhalb unserer Gruppe wieder zu einem kurzweiligen Ereignis geworden.

WESLEY CRUSHER

Sohn von Beverly Crusher und Jack Robert Crusher und späterer Fähnrich auf der Enterprise-D. Verfügt wie ich auch über ein eidetisches Gedächtnis und wurde von mir dafür zum Zeitpunkt der Ausstrahlung von *Raumschiff Enterprise – Das nächste Jahrhundert* dafür sehr verehrt. Dummerweise dargestellt von Wil Wheaton.

ENTERPRISE-D

Genauer: USS Enterprise NCC 1701-D ist neben der ursprünglichen USS Enterprise (1701) das bekannteste Raumschiff der *Star-Trek*-Reihe und wird von

CAPTAIN PICARD

kommandiert, einem disziplinierten, verantwortungsbewussten und unbeugsamen Kapitän mit Vorlie-

be für Tee, der in meiner persönlichen *Star-Trek*-Rangliste nach Mister Spock und noch vor Captain Kirk angesiedelt ist. Dargestellt von Patrick Stewart, der vermutlich jener Schauspieler sein dürfte, welcher am häufigsten den Titel »Sexiest Man Alive« des trivialen *People Magazine* verliehen bekam.

CLEMENTIA

Ausgeprägte Sanftmut, welche mich in einzelnen Momenten befällt.

STAND BY ME

Abenteuerfilm des Regisseurs Rob Reiner aus dem Jahre 1985, in dem der 13-jährige Wil Wheaton die Rolle des Gordie Lachance spielte. Obwohl Gordie die eigentliche Hauptrolle des Filmes war, erlangten River Phoenix (alias Chris Chambers) oder Corey Feldman (alias Teddy Duchamp) im Anschluss deutlich mehr Berühmtheit. Allerdings ist Phoenix inzwischen tot, und Feldman trat bei *Dancing on Ice* auf, was nicht viel besser ist. Insofern hat es Wil Wheaton noch gut erwischt, auch wenn er mir dadurch weiterhin das Leben schwer machen kann.

Jason Todd

Beim Versuch, die Räder des Batmobils zu stehlen, von Batman ertappter Jugendlicher, der anschließend von diesem zum zweiten Robin ausgebildet wurde und leider unstrittig als der Schwächste aller fünf Robin-Charaktere angesehen werden kann – ganz anders als

Dick Grayson,

der als erster Robin exakt die Mischung aus Schlauheit und Gehorsam ausstrahlt, die man als würdiger Gehilfe eines echten Superhelden benötigt. Wurde nach der Ermordung seiner Eltern durch einen Artisten bereits als Kind von Bruce Wayne aufgenommen und hat so als Einziger aller Robins eine umfassende Erziehung und Ausbildung durch Batman genossen.

Beaufort

Nein, nicht die Rohmilchkäsesorte aus den Savoyen, du maßloser Genüssling – sondern natürlich die Einheit zur Beschreibung der Windgeschwindigkeit, die ungerechterweise nach dem falschen Physiker benannt wurde: Ein paar Jahrzehnte vor Francis Beaufort hat nämlich bereits der britische Ingenieur John Smeaton das erste Mal unterschiedliche Windstärken in einer Tabelle aufgeführt. Tja, und der so findige wie dreiste Beaufort hat diese Skala später nur noch ein bisschen aufgebessert. Ich muss unbedingt darauf achten, dass mir das mit den noch von mir zu entdeckenden Cooper-Teilchen nicht passiert – und diese dann plötzlich Kripke-Teilchen heißen. In diesem Zusammenhang darf ich nicht ohne Stolz kundtun, dass ein brasilianischer Biologe eine drollige Bienenart nach einem meiner Aussprüche benannt hat – die *Euglossa bazinga*!

kannst. Und dann machen mir all die schönen Sendungen wie *Star Trek, Doctor Who* oder *Battlestar Galactica* keinen Spaß mehr.

PARALLAKTISCHE VERZERRUNG

Entsteht, wenn sich die Position des Beobachters im Vergleich zum beobachteten Objekt verschiebt. In meinem Fall entstünde eine P. V. bei einer noch so minimalen Veränderung meines Sitzplatzes. Du kannst dieses optische Phänomen ganz einfach nachvollziehen, wenn du den sogenannten Daumensprung vornimmst – und deinen linken Daumen abwechselnd mit dem einen oder dem anderen Auge betrachtet. So wie dein Daumen scheinbar seine Position vor einem weiter entfernten Hintergrund verändert, so tut dies auch unser Fernseher bei einem Platzwechsel, wie du auf der Abbildung erkennen

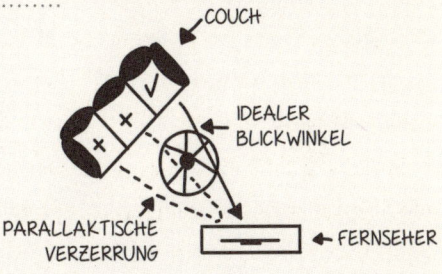

COAST STARLIGHT

Wunderbarer Fernzug, welcher auf 2200 zumeist spektakulären Kilometern zwischen Seattle und Los Angeles verkehrt und dabei bemerkenswerte Blicke auf die Steilküste von Santa Barbara sowie andere Naturschauspiele wie etwa den Willamette River bietet. Eine Fahrt mit dieser Ikone des amerikanischen Transportwesens ist durch keine Autofahrt und erst recht durch keinen Flug zu ersetzen. Schade, dass Leonard und die anderen beiden während unserer legendären Reise mit diesem Zug diese geologischen Schönheiten nicht genießen konnten, weil sie stattdessen ihre Aufmerksamkeit dafür verschwendeten, eine deutschstämmige Fernsehschauspielerin zu beeindrucken; wenn auch eine fraglos begabte.

OSZILLOSKOPBILDER

Unterschiedliche Verlaufskurven, die entstehen, wenn man ein Gerät benutzt, das elektrische Spannungen, Frequenzen oder ähnliche physikalische Größen über einen gewissen Zeitraum hinweg misst.

OPERANTE KONDITIONIERUNG

Erlernen von Reiz-Reaktionsmustern aus ursprünglich spontanem Verhalten. Mit dem Wissen hierüber kannst du deine Mitmenschen trefflich beeinflussen – du musst ja nicht gleich solch wertvolle Köder wie meine Cooper-Coupons verwenden. Manchmal reichen für einen wirkungsvollen Stimulus in deinem Sinne schon banale Süßigkeiten oder kleine, preisgünstige Geschenke wie Seife aus.

MARS ROVER

Ferngesteuertes Fahrzeug für die Marsforschung, das einst vom liebestollen Wolowitz direkt in einen Krater gesteuert wurde, als er damit Dr. Barnett zu beeindrucken versuchte – was natürlich auf ganzer Linie erfolglos blieb. Durch unsere gemeinsame Verschleierungstaktik fiel das Missgeschick nicht weiter auf, allerdings musste ich Howard gegenüber später einräumen, dass durch meine angeborene Unfähigkeit zur perfiden Lüge das FBI von dem Vorfall erfahren hatte. Wenigstens fand der Rover durch den Unfall einen ersten Beweis für frühere Lebensformen auf dem Roten Planeten.

STAPHYLOKOKKEN

Eine ganz unangenehme Bakteriengattung, die sich weintraubenartig zusammenrottet, um im Verbund unsere Haut und unsere Schleimhäute zu infizieren – nur noch getoppt von dem noch gemeineren

ESCHERICHIA COLI,

jenem entsetzlichen, stäbchenförmigen Fäkalbakterium, das auf Türklinken, Bushaltegriffen oder schlecht gespültem Geschirr lauert, um in unserem Verdauungstrakt eine mehrtägige Polka zu tanzen.

MENS SANA IN CORPORE SANO

Berühmte lateinische Redewendung – auf Deutsch: »Ein gesunder Geist in einem gesunden Körper«. Sie bedeutet, dass nur derjenige zu mentalen Höchstleistungen imstande ist, der auch auf sein physisches Wohlbefinden achtet (und umgekehrt). Auf mich bezogen lässt sich natürlich konstatieren, dass ich durch meine vorbildliche Reinlichkeit, meinen variablen und abwechslungsreichen Speiseplan sowie den Verzicht auf Alkohol und Tabakerzeugnisse alles in meiner Macht Stehende dazu beitrage, dass keine körperlichen Mängel auftreten, die meine geistige Leistungsfähigkeit beeinträchtigen könnten.

DEPORTATIO

Verbannung, in die der Verfasser des gerade genannten Leitspruches geschickt wurde, wie leider viele andere schlaue Köpfe vor und nach ihm ebenfalls. Ja, wir Gelehrten haben es in keinem Zeitalter seit der Antike wirklich leicht gehabt.

APPARATUS DIGESTORIUS

Der so empfindliche wie komplexe Verdauungsapparat, welcher für den enzymatischen Aufschluss unserer Nahrung, die Resorption der darin enthaltenen Nährstoffe sowie die Ausscheidung unverwertbarer Abfallstoffe zuständig ist.

....

SIAM PALACE

Zuverlässiges thailändisches Restaurant mit Lieferservice, das von uns vorwiegend an Montagen zur Bestellung unseres Essens herangezogen wird und welcher mein Mee Krob, also gebratene Reisnudeln, oder Chicken Satay (mit extra Erdnusssoße) stets mit gleichbleibender Qualität zu erzeugen imstande ist.

....

SZECHUAN PALACE

Chinesisches Restaurant mit Lieferservice, das eines schlimmen Tages für eine massive Verstimmung meinerseits sorgte, als der Betreiber Mr Chen ohne Not die Speisekarte änderte, wonach sich einige Hühnerfleischgerichte wie *General Tso's Hühnchen* sich nicht mehr unter der Rubrik »Spezialitäten«, sondern unter der Rubrik »Hühnerfleischge-

richte« wiederfanden – was ja nur bedeuten kann, dass dieses Essen in seiner Wertigkeit und Qualität eingebüßt haben musste und deshalb auf der Karte herabgestuft wurde. Von den Shrimps-Paten mit Soße mal ganz abgesehen. Offenbar wurde aus dem Szechuan Palace ein Zufluchtsort für mafiöses Gesindel!

....

DOCTOR WHO

Fernsehserie, welche seit 1963 von der britischen BBC produziert wird und damit laut dem *Guinnessbuch der Rekorde* die am längsten laufende TV-Serie überhaupt darstellt. Aktuell mit Peter Capaldi (nach William Hartnell, Patrick Troughton, Jon Pertwee, Tom Baker, Peter Davison, Colin Baker, Sylvester McCoy, Paul McGann, Christopher Eccleston, David Tennant und Matt Smith) mit der zwölften Inkarnation des mysteriösen zeitreisenden Doktors.

BBC AMERICA

Amerikanischer Ableger der britischen Muttergesellschaft, auf dem auch *Star Trek: Die nächste Generation* sowie *Planet Earth*, ansonsten aber vorwiegend anspruchslose Programmtitel laufen.

FIBONACCI-FOLGE

Unendliche Folge von Zahlen, bei der sich die jeweils folgende Zahl aus der Addition ihrer beiden vorherigen Zahlen ergibt. Also 1, 1, 2, 3, 5, 8, 13, 21, 34, 55, 89 und so weiter. Kommt interessanterweise häufig in der Natur vor – bei der Silberdistel zum Beispiel tragen die Köpfe ihre Blüten zumeist in einer Anordnung von 21 zu 55, 34 zu 89 oder 55 zu 144 im Fruchtboden. Faszinierend, nicht wahr?

TUWA

Zur russischen Föderation gehörende Republik in Südsibirien mit 307 930 Einwohnern, 6700 Seen und einem der größten Temperaturunterschiede der Welt, welcher von minus 50 Grad Celsius im Winter bis plus 35 Grad im Sommer reichen kann.

SCHLACHT AM ANTIETAM

Entscheidende Schlacht des konföderierten Maryland-Feldzuges während des amerikanischen Bürgerkrieges, der beinahe 3600 Soldaten auf beiden Seiten zum Opfer fielen.

KINESOPHOBIE

Furcht vor Bewegungen oder Furcht davor, plötzlich umzukippen.

LEONARD NIMOY

Großartiger, charismatischer amerikanischer Schauspieler, der durch die Verkörperung des Mister Spock in der Fernsehserie *Raumschiff Enterprise* sowie den sechs herausragenden *Star-Trek*-Filmen und leider auch der einen entsetzlichen Folge mehr als nur die drei lausigen Emmy-Nominierungen verdient hat, welche ihm die ignorante und höchst selbstgefällige amerikanische Filmindustrie angedeihen ließ. Hat als Regisseur die beiden großartigen *Star-Trek*-Filme von 1984 und 1986, leider aber auch *Noch drei Männer, noch ein Baby* zu verantworten. Erscheint gelegentlich auf *Star-Trek*-Conventions und im Traum. Könnte eines Tages von mir geklont werden.

BRENT SPINER

Darsteller des Androiden Data in *Raumschiff Enterprise: Das nächste Jahrhundert*. War einer meiner bevorzugten Charaktere der Reihe, bis er durch seine ungeheuer ignorante und unverzeihliche Sachbeschädigung diesen Status auf ewig verlor.

CANIDAE

Auf allen Kontinenten vertretene Tierfamilie der Hunde und somit meine natürlichen Feinde.

SCHERGESCHWINDIGKEIT

Hat natürlich nichts mit Schneiden zu tun, sondern ist ein Begriff aus der Fluiddynamik, der die räumliche Veränderung der Flussgeschwindigkeit beschreibt und ganz einfach aus dem Verhältnis zwischen dem Geschwindigkeitsunterschied zweier benachbarter Flüssigkeitsschichten und deren Abstand berechnet werden kann.

SANGUIS

Wichtige Körperflüssigkeit namens Blut.

ECS HORIZON

Gewöhnlicher Erdfrachter der schon im späten 21. Jahrhundert entwickelten J-Klasse, der im 22. Jahrhundert unter der Verwaltung der Transportbehörde ECA steht. Nicht zu verwechseln mit der besser ausgestatten USS Horizon, die von der Föderation mit der Erforschung des Tiefenraumes beauftragt wurde.

TRAVIS MAYWEATHER

Weltraumnomade und Angehöriger der Sternenflotte, der auch nichts an der Bedeutungslosigkeit der fünften *Star-Trek*-Serie ändern kann.

DYSPEPSIE

Oberbegriff für Verdauungsstörungen aller Art.

STEVE WOZNIAK

Der Mitbegründer von Apple liegt in meiner persönlichen Hitparade der Visionäre auf dem Gebiet der Technologie auf Platz 15 – und damit sechs Plätze vor Steve Jobs. Leider konnte er mir meinen

APPLE 2

nicht mehr signieren, weil er mir die Treppe hinuntergefallen ist. Sehr schade, war mir doch dieses Exemplar von 1977 trotz seiner Unzulänglichkeiten im Betriebssystem sehr ans Herz gewachsen. Ach ja – der Apple 2 ist natürlich der erste 8-Bit-Mikrocomputer, den Steve Wozniak im Jahr 1977 entwickelt hat und der aufgrund seines offenen Systems beliebig individuell konfiguriert werden konnte, was ich natürlich trefflich ausgenutzt habe. Schade, dass Steve Jobs nicht in dieser Hinsicht weitergearbeitet hat und sich später lieber dem Zeitgeist unterwarf.

VOMITUS

Brechreiz, den ich vorwiegend dann verspüre, wenn ein mangelhafter Umgang mit Hygiene in Zusammenhang mit der Verarbeitung oder mit dem Verzehr von Lebensmitteln an den Tag gelegt wird. Einmal beschämenderweise ausgelöst im Vorgarten des Hauses von Wil Wheaton, nachdem dieser Amy beleidigt hatte und ich der irrigen Annahme verfiel, mir durch den leichtfertigen Konsum von Alkohol Mut verschaffen zu müssen, um Wil Wheaton zu verprügeln.

BARBERSHOP

Unsägliche homofone A-cappella-Musik mit einem vierstimmigen Akkord auf jeder Melodienote und eine meiner missliebigsten Musikrichtungen überhaupt.

HADRONENBESCHLEUNIGER

Beeindruckende Konstruktion am Europäischen Kernforschungszentrum in Genf, welche in einem nahezu 27 Kilometer langen unterirdischen Tunnel in der Lage ist, Protonen auf Lichtgeschwindigkeit zu beschleunigen und zur Kollision zu bringen, um so die Materienzustände von Elementarteilchen zu erforschen. Konnte erstmals den Nachweis für ein elektrisch neutrales Higgs-Teilchen erbringen, weshalb die Inaugenscheinnahme des Gerätes zur Spezifikation meiner eigenen Forschungsergebnisse zu den wichtigsten Reisevorhaben für die kommenden Jahre zählt. Leider aus mir nicht nachvollziehba-

ren Kostengründen nicht zur Anschaffung im Fachbereich Physik am CALTECH vorgesehen.

SUBZELLULÄRER ERREGER

Biologisches System, das sich ohne eigene Zellen vermehren kann, insbesondere Viren.

HOBERMAN-SPHÄRE

Lustiges Dekorationsobjekt in meinem Apartment, benannt nach dem Erfinder und Spieleentwickler Chuck Hoberman, der für diese Skulptur sechs geodätische Linien zu einem Ball formte.

PYRIT-GESPRENKELTE QUARZPROBE

Weiteres von mir angeschafftes und äußerst repräsentatives Dekorationsobjekt in Kristallform aus Schwefelkies.

ROBERT EDWARDS

Pionier auf dem Gebiet der Reproduktionsmedizin, der leider kürzlich im Alter von 87 Jahren verstarb und durch dieses viel zu frühe Ableben seine wichtigen Forschungen dummerweise nicht in meinem Sinne – nämlich mit dem Ziel, von Missy ausgetragene, kleine Sheldons zu kyrokonservieren – weiterbetreiben konnte.

LIMBISCHES SYSTEM

Meines Erachtens weitgehend überflüssige Funktionseinheit in unserem Gehirn, die vorwiegend der Entstehung des Triebverhaltens dient. Bei manchen meiner Mitmenschen im Vergleich zu anderen Hirnregionen überproportional groß ausgebildet.

GONORRHOE

Häufige bakteriell ausgelöste Sexualkrankheit, umgangssprachlich auch als Tripper bezeichnet.

INFORMATIONSPARADOXON

Vermeintlicher Widerspruch, der sich bei der Zusammenführung der Quantenmechanik und der Relativitätstheorie ergab und der von Professor Hawking und mir weitgehend aufgelöst wurde, indem wir widerlegen konnten, dass Objekte beim Sturz in ein Schwarzes Loch alle physikalischen Eigenschaften verlieren.

MARVEL

Heruntergewirtschafteter amerikanischer Comicbuchverlag, unter dessen Dach Reihen wie *Spiderman*, *Hulk* oder *Captain America* erschienen, die den Figuren des ungleich kreativeren und anspruchsvolleren Konkurrenzverlages DC Comics mit seinen Helden Batman, Superman, Wonder Woman, Green Lantern, Flash, AQUAMAN und Martian Manhunter (und somit der gesamten GERECHTIGKEITSLIGA) allerdings deutlich unterlegen sind.

PLASMA-PHYSIKER

Wissenschaftlich nicht unbedingt ernst zu nehmende Untergruppe meines Berufszweiges, die hauptsächlich die physikalischen Grundlagen für ein Fusionskraftwerk untersucht.

DAFFY DUCK

Unbeholfene, ruhmsüchtige und unlogisch agierende Zeichentrickfigur von Warner Brothers mit lispelnder Artikulation.

GABA-REZEPTOREN

Transmembranproteine, in unseren Nervenzellen zuständig für die Bindung der Neurotransmitter. Im Klartext: Sie dämpfen die Gehirnaktivität, was durch das Andocken von Alkoholmolekülen zu meinem größten Bedauern noch massiv verstärkt wird.

WIDMARK-FORMEL

Schnellste Methode zur Berechnung der Blutalkoholkonzentration (c) unter Berücksichtigung der Alkoholaufnahmemasse (A), des Körpergewichts der konsumierenden Person (m) sowie des physisch individuell bedingten Reduktionsfaktors (r), welcher bei Männern 0,68 sowie bei Frauen 0,55 beträgt. Für die Eigendiagnose aufgrund seiner Einfachheit unbedingt zur Nachahmung empfohlen, um die Durchführung unvernünftiger Handlungen ab einem Promillewert von 0,5 noch zu vermeiden. Schneide dir die Formel am besten aus und deponiere sie in deiner Brieftasche:

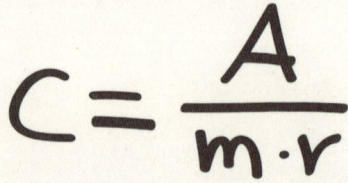

$$c = \frac{A}{m \cdot r}$$

ROSEWATER RICKEY

Cocktail, welchen ich einmal in der Cheesecake Factory probieren wollte, was mir jedoch verwehrt blieb. Solltest du den Drink mir zu

Ehren jedoch zubereiten wollen, habe ich das Rezept aus der App für dich aufbewahrt. Hier ist es:

Der Rosewater Rickey

Zutaten:

> *Fünf Kirschen*
> *1 Löffel Zucker*
> *Angostura*
> *Rum*
> *9 cl Gin*
> *1 Löffel Rosenwasser*
> *15 ml frischer Limettensaft*
> *Soda-Wasser*
> *Eiswürfel*

Zubereitung:

Übergieße die Kirschen sowie den Zucker direkt im Glas mit einigen Spritzern Angostura und Rum und entzünde diese kurz, bis der Zucker karamellisiert. Dann gib das Eis, den Gin, das Rosenwasser sowie den Limettensaft in einen Mixer und schüttle alles ordentlich. Anschließend gießt du den Inhalt des Mixers durch ein Sieb in das Trinkgefäß ab, in dem sich bereits die flambierten Kirschen befinden. Na denn: Prosit (so sagt man das wohl?)!

UPN

Ehemaliger zum Konzern Paramount gehörender amerikanischer Fernsehsender, der als erster Sender seit 1956 im Jahr 2006 den Betrieb einstellen musste.

J. J. ABRAMS

Stümperhafter Regisseur aus New York, der alle Fans mit seiner mangelhaften und den Kanon negierenden Arbeit in den letzten beiden *Star-Trek*-Filmen enttäuschte und dafür vom Disney-Konzern auch noch mit der Beauftragung des neuen *Star-Wars*-Abenteuers belohnt wurde. Auf einer Stufe mit dem späten George Lucas zu sehen.

SLUMDOG MILLIONÄR

Langweiliger und unrealistischer Spielfilm über einen indischen

Jungen, der bei *Wer wird Millionär?* gewinnt und dessen Vorlage nach Koothrappalis Angaben dessen eigene Lebensgeschichte war, was natürlich unsinnig ist, genau wie die Tatsache, dass dieser Streifen acht Oscars gewann, während *The Dark Knight* nur zweimal ausgezeichnet wurde, jeder Logik widerspricht!

WARP-ANTRIEB

Antriebsmechanismus, der Reisen mit Überschallgeschwindigkeit ermöglicht, um so große Entfernungen innerhalb des Universums überbrückbar zu machen. Wird voraussichtlich leider erst um das Jahr 2150 herum entwickelt werden.

TELEPORTATION

Auch Beamen genannter Transport einer Person durch Raum und Zeit, bei dem der Transporter die zu teleportierende Person in ihre Atome zerlegt, sie einzeln durch einen ringförmigen Eindämmungsstrahl leitet, per Materiestrom ans Ziel schickt und dort einfach wieder zusammensetzt. Im Grunde genommen ist das keine Hexerei, sondern reine Physik! Die einzige Art des Reisens, die ich einer Zugfahrt vorziehen würde – weil es mir so zum Beispiel ohne große Probleme möglich wäre, tagsüber im CERN in der Schweiz zu arbeiten und gleichzeitig in meinem Apartment in Pasadena wohnen zu bleiben. Oder am Abend der Nobelpreisverleihung in Stockholm die Auszeichnung entgegenzunehmen und diese den anderen nur einen Augenblick später in der Cheesecake Factory zu präsentieren. Zwei erquickliche Gedanken, die bedauerlicherweise dadurch eingetrübt werden, dass auch das Beamen erst in der zweiten Hälfte des 22. Jahrhunderts zur Serienreife gelangen dürfte.

GENE RODDENBERRY

Bedeutender, ach, was sage ich: genialer Drehbuchautor und Produzent, der als Erfinder von *Star Trek* mir sowie Millionen und Abermillionen Menschen im gesamten Universum eine der grandiosesten Science-Fiction-Visionen aller Zeiten schenkte! Ursprünglich vergeudete Roddenberry sein Talent als Redenschreiber für den Polizeichef von Los Angeles, bis er 1964 von NBC Geld für die Herstellung einer Pilotfolge über ein bemanntes Raumschiff und seine Reise durch eine ferne Zukunft erhielt. Seine Urne wurde mittels einer Pegsaus-Rakete im Jahr 1997 in die Erdumlaufbahn geschickt. 2004 verglühte die Kapsel schließlich in der Atmosphäre. Ich denke nicht, dass es eine würdigere Art gibt, bestattet zu werden! Lebe lang und in Frieden, Gene!

BOGGLE

Einfaches Denkspiel mit Wörtern und Buchstaben aus dem Jahr 1972, für das lediglich eine Eieruhr, 16 Alphabet-Würfel, Stift und Papier sowie ein Spielfeld mit vier mal vier Feldern benötigt werden. Ziel des Spiels ist es, aus den Würfeln innerhalb von fünf Minuten so viele Wörter wie möglich mit mindestens drei Buchstaben zu bilden, was für mich keine besonders große Herausforderung, bisweilen aber ein vergnügliches Erlebnis bedeutet. Wer, glaubst du wohl, kennt die meisten vulkanischen Begriffe? Eben!

SAM KASS

Erfinder von »Stein, Papier, Schere, Echse, Spock«. Kam mir damit aber nur einige Wochen zuvor.

ROBERT THE BRUCE

Während der schottischen Unabhängigkeitskriege gegen England ab 1296 Anführer der Aufständischen und anschließend von 1306 bis zu seinem Tode 1329 König von Schottland. Starb an Lepra.

ANTHONY WAYNE

Amerikanischer General und ebenfalls mutiger Verteidiger gegen die englischen Streitkräfte. Starb an Gicht.

....

GERECHTIGKEITSLIGA

Superheldenteam, ursprünglich bestehend aus Flash, Green Lantern, AQUAMAN, Wonder Woman und Martian Manhunter. Später erweitert um meine Wenigkeit. Noch später erweitert um Superman und Batman. Setzt sich für Recht und Ordnung im gesamten Universum ein. Unsere schlimmsten Feinde sind sämtliche Mitglieder der ruchlosen *Gesellschaft für das Unrecht* wie Agamemno, Catwoman oder Lex Luthor. Ich besitze die Mitgliedschaft, die ich durch den einzigen offiziellen Ausweis neben meinem Pass, der Zugangsberechtigungskarte für das CALTECH sowie meine Dauerkarte für das Naturhistorische Museum belegen kann, seit meinem fünften Lebensjahr!

COMICON

Comicmesse, die an verschiedenen Orten stattfindet und die ich seit unserem Vorhaben, die Ausstellung in Bakersfield zu besuchen, in unschöner Erinnerung habe, weil ein gemeines Diebes-Duo Leonards Auto stahl und wir einen gewaltigen Fußmarsch bei brütender Hitze auf uns nehmen mussten. Vervollständigt wurde das Unglück dadurch, dass ich als Commander Data aus *Raumschiff Enterprise – Das nächste Jahrhundert* verkleidet war und nicht wie gewöhnlich als Mister Spock aus der Urfassung. Dank meines vulkanischen Gehörs im Zusammenspiel mit der richtigen Uniform hätte ich den Räuber möglicherweise rechtzeitig wahrgenommen und die Missetat verhindern können!

....

SHELDOR

... der Eroberer: Natürlich mein Avatar auch in *Age of Conan*.

AZEROTH

Düstere Welt, in der *World of Warcraft* angesiedelt ist und in welcher die Allianz der Menschen gegen die Horde der Orks kämpft. Ein bisschen vergleichbar mit dem Capus des CALTECH, auf dem ich ebenfalls Tag für Tag gegen eine Horde aggressiver, fremdartiger und minderbemittelter Wesen ankämpfen muss.

DR. HALSEY

Ebenfalls hochbegabte, im Gegensatz zu mir jedoch durch und durch böse Erschafferin des »Spartan 2«-Programmes auf *Halo*. Klonte Kinder und führte an diesen gemeine Experimente durch.

KÖNIG KOOPA

Höchster Führer der Koopa-Truppe und Erzfeind von Mario. Versucht ständig, Prinzessin Peach zu kidnappen. Versuchte mehrfach, die komplette Pilzwelt zu übernehmen, was aber durch mein Einwirken verhindert werden konnte.

SHIGERU MIYAMOTO

Manager beim japanischen Elektronikkonzern Nintendo. Gilt als Erfinder von *Super Mario Bros.* und zählt daher zu den wenigen Menschen, denen ich außer Respekt und Anerkennung auch noch eine tiefe innere Zuneigung entgegenbringe!

HEISENBERG'SCHE UNSCHÄRFERELATION

Vom deutschen Physiker und späteren Nobelpreisträger getroffene zentrale Aussage der Quantenphysik, wonach zwei komplementäre Eigenschaften eines Teilchens – wie etwa dessen Ort und dessen Impuls – nicht gleichzeitig messbar sind. Demzufolge ist es umso unmöglicher, den Ort zu bestimmen, an dem sich das Teilchen befindet, je genauer man die Geschwindigkeit kennt, mit der es sich fortbewegt – was insgesamt eine sehr unbefriedigende Feststellung ist. Du weißt ja, wie sehr ich Unbestimmbarkeiten hasse! Aber ich arbeite daran ...

MANOLO BLAHNIK

Offen gesagt habe ich keine Ahnung, wer oder was das sein soll. Penny hat mir gesagt, ich solle den genannten Vergleich unter Zuhilfenahme dieses seltsamen und irgendwie iberisch klingenden Namens verwenden, den Bernadette und erstaunlicherweise auch Koothrapphali offenbar ebenfalls kennen. Jedenfalls bekamen alle drei ganz große, glänzende Augen, als der Name fiel.

ANTIMATERIE

Sammelbezeichnung für alles, was aus Antiteilchen besteht. Hundertfach effektiver als eine Kernfusion und somit energiesparende Antriebsart der verschiedenen Enterprise-Typen.

SUPERNOVA

Trauriges Ereignis, weil letztes Aufleuchten eines Sternes, bevor dieser für immer verglüht.

SEKTOR

Raumeinheit des Weltraumes – ähnlich der Aufteilung in Längen- und Breitengrade auf unserem Planeten.

PLEISTOZÄN

2,5 Millionen Jahre andauernder Zeitabschnitt der Erdgeschichte, der ungefähr 10 000 Jahre vor unserer Zeitrechnung endete und somit den Übergang in die Jetztzeit bildet und zu dessen Beginn erstmals Homiden in Gestalt des *Homo habilis* auf der Erde aufgetaucht sind. Wenn ich mich gelegentlich umblicke, vermag ich noch heute einige restliche Exemplare dieses Frühmenschen auf den Straßen Pasadenas zu entdecken.

KOLLOIDE

Kleine Teilchen, die in Gasen, Feststoffen und Flüssigkeiten enthalten sind.

....

ADAM WEST

Amerikanischer Schauspieler, der sich durch die Rolle des Batman in der ursprünglichen Fernsehserie von 1966 kurzzeitig auf dieselbe Stufe stellen durfte wie LEONARD NIMOY oder William Shatner, von der er aber nach mehreren unsäglichen Produktionen wieder heruntersteigen musste. Aber jeder ist eben selbst für seine Karriere verantwortlich!

BRACKEN-HÖHLE

Berühmte Höhle bei San Antonio in Texas, die als Heimat der mit 20 Millionen Exemplaren größten Fledermauskolonie der Welt gilt, welche in einer einzigen Nacht bis zu 900 Tonnen Insekten verspeisen – was die Gegend rund um das beneidenswerte San Antonio nahezu moskitofrei werden ließ. Was für possierliche und nützliche Tierchen diese begabten Säuger doch sind, die – nebenbei bemerkt – biosystematisch gesehen rein gar nichts mit der langweiligen Ordnung der Nagetiere zu tun haben, sondern selbstverständlich zu den artenreichen Fledertieren zählen.

!!WARNUNG!!

Weil ich dies zu gegebener Zeit möglicherweise aufgrund des Verlusts meiner Zellintegrität nicht mehr aktiv tun kann, möchte ich an dieser Stelle schriftlich und unmissverständlich dokumentieren, die Menschheit im Jahr 2013 gewarnt zu haben, sich mehr mit der ernsthaften Erforschung ungeklärter physikalischer Phänomene zu beschäftigen als mit Alkohol, Partys und Tanzen! Der Big Bang, also der Urknall, hat vor ungefähr 13,7 Milliarden Jahren das Universum geschaffen, und es liegt leider im Bereich des Möglichen, dass wir heute gerade mal ein paar Hundert Millionen Jahre vor dem sogenannten Big Crunch, also dem Endknall, stehen – je nachdem, ob unser Universum nun zu leicht oder zu schwer ist. Ersteres wäre wiederum kein Problem, denn dann dehnt es sich eben immer weiter aus. Ist das Gewicht aber zu hoch, dann wird die Gravitation aller Materie die Ausdehnung irgendwann unwiderruflich bremsen, wodurch sich das schöne Konstrukt wieder zusammenziehen würde – so lange, bis es für immer verschwindet. Diesen Dissens, den auch ich derzeit nicht zu lösen imstande bin, gilt es in den kommenden Jahrhunderten endlich aufzuklären, um später wenigstens eine gewisse Planungssicherheit zu haben – und sich lange genug überlegen zu können, wohin wir dann alle umziehen wollen. Wenn wir aber unsere Zeit weiterhin lieber sinnlos vergeuden, anstatt uns der Dunklen Energie zu widmen, dann könnte das Ende aller Existenz unvermeidlich sein. In diesem Fall würde ich noch gerne rufen: »Ha, ich hab's euch gesagt!«, was dann aber leider vermutlich nicht mehr geht. Aber stellt euch stattdessen einfach vor, wie ich verächtlich mit den Augen rolle!

Wenn Sie **Interesse** an
unseren Büchern haben,

z. B. als Geschenk für Ihre Kundenbindungsprojekte,

fordern Sie unsere attraktiven Sonderkonditionen an.

Weitere Informationen erhalten Sie bei unserem

Vertriebsteam unter +49 89 651285-154

oder schreiben Sie uns per E-Mail an:

vertrieb@rivaverlag.de

riva